글쓰기 이론과 실제

글쓰기 이론과 실제

초판 1쇄 발행 2019년 8월 30일
초판 3쇄 발행 2021년 4월 12일

지은이 | 원광대학교 글쓰기 이론과 실제 교재 편찬위원회
펴낸곳 | (주)태학사
등 록 | 제406-2020-000008호
주 소 | 경기도 파주시 광인사길 217
전 화 | (031)955-7580
전 송 | (031)955-0910
전자우편 | thspub@daum.net
홈페이지 | www.thaehaksa.com

이 책에 직간접적으로 게재를 허락해 주신 모든 분께 감사드립니다.
저작권자와 연락이 닿지 않아 부득이 허가를 구하지 못한 일부 자료에 대해서는
연락 주시는 대로 적법한 절차를 따르겠습니다.

값 13,000원

ISBN 979-11-6395-125-4 (93810)

글쓰기 이론과 실제

원광대학교 글쓰기 이론과 실제 교재 편찬위원회

태학사

머리말

글쓰기 능력은 현대인이 갖추어야 할 가장 필수적인 능력으로 평가 받고 있다. 우리는 글쓰기를 통해서 자신의 생각을 구조화하고, 표현하며, 타인과 소통할 뿐만 아니라 한 걸음 나아가 자기 자신을 성찰하고, 자신의 사회적·문화적·전문적 능력을 발휘하기 때문이다. 우리 사회는 그 어느 때보다도 이러한 글쓰기와 글쓰기 능력을 강조하고 있다.

특히 대학생에게 글쓰기는 지성인으로서 올바른 삶에 대해 성찰하고, 자신이 전공하는 학문 세계와 만나며, 동시에 미래의 직업 세계를 준비하기 위해 반드시 필요한 수단이자 활동이다. 성공적인 대학생활과 자신의 미래를 위해, 학문적 소양과 결부된 글쓰기 능력, 사회적으로 요구되는 실용적 글쓰기 능력을 키우는 것은 필수적이다.

글쓰기 능력이 중요함에도 많은 대학생들이 글쓰기를 어려워하는 이유는 글쓰기 과정에 대한 이해의 부족, 글을 쓰는 연습의 부족, 체계적인 글쓰기 교육의 부재에서 기인한다. 이 교재를 설계하면서 일차적으로 고려한 것이 바로 이러한 점이다. 글쓰기 교재 개발 과정에서 고려한 점은 다음과 같다.

첫째, 이론 중심의 글쓰기 교재보다는 실질적인 글쓰기 능력을 기를 수 있는 교재를 지향하였다. 이를 위해 글쓰기 이론에 대한 설명은 최소화하는 대신 다양한 예를 통해 글쓰기에 접근할 수 있도록 하였으며, 글쓰기 이론을 설명할 때에도 글쓰기 자체에 대해 스스로 문제를 던지고 답하는 과정을 통해 이해에 도달할 수 있도록 하였다.

둘째, 글쓰기 방법에 대한 이해를 바탕으로 글쓰기의 실질적인 훈련이 이루어질 수 있도록 했다. 알고 익히는 과정을 통해 이론과 실제를 겸할 수 있도록 한 것으로, 이는 글쓰기 능력이 더 이상 글쓰기 방법을 아는 것만으로 신장되는 것이 아니라 그 방법을 구체적으로 실천할 때 길러질 수 있다는 점을 고려한 것이다.

셋째, 글쓰기에 대한 흥미를 배가시키고 글쓰기의 모범적인 예를 제시하기 위해 다양한 예문을 제시했다. 예문은 해당 글쓰기 요소에 필요한 특성을 갖추고 있으면서 동시에 학생들의 관심사를 표현하고 있는 글, 대학 졸업 후 직업 세계에서 필요한 글, 현대 사회 교양인으로서 지녀야 할 소양과 관련된 글 등을 중심으로 선정했다.

이 교재는 총 네 개의 장으로 구성되었다.

1장에서는 글쓰기 수업을 듣는 여러 계열의 학생들을 고려하여 인문학, 사회과학, 자연과학, 예술 분야에서 요구하는 글쓰기의 성격을 배우고 익힐 수 있도록 했다. 자신의 전공과 관련된 학문 분야에서 요구하는 글쓰기 방식을 이해함으로써 글쓰기 학습의 기본 전략을 수립할 수 있을 것으로 기대한다.

2장에서는 글쓰기에 필요한 기본적인 요건을 이해할 수 있도록 하였다. 어휘, 문장, 단락 단위로 글쓰기 연습을 할 수 있도록 했다. 또한 어문규정에 대한 이해를 통해 정확한 표현을 위한 기초 능력을 기를 수 있도록 하였다.

3장에서는 글쓰기 절차에 대한 이해를 통해 어떤 과정을 거쳐 글을 써야 하는 것인지 익힐 수 있도록 했다. 글쓰기의 절차를 고려한 글쓰기 훈련은 이후 스스로 글을 쓸 수 있는 능력을 기르는 데 중요한 역할을 할 것이다.

4장은 다양한 분야의 실용적 글쓰기 능력을 갖출 수 있도록 구성하였다. '대학에서의 글쓰기'에서는 학술적 논문과 리포트 쓰기를, '사회에서의 글쓰기'에서는 이력서, 자기소개서, 기획서 쓰기를, '디지털 시대의 글쓰기'에서는 프레젠테이션 기법을 익힘으로써 다양한 분야에서 요구하는 글쓰기 능력을 제고할 수 있도록 하였다.

이 교재를 통해 글쓰기에 대해 가급적 많은 내용을 다루고자 하였으나 글쓰기에 관한 모든 것을 일별할 수는 없었다. 교재에 담지 못한 내용은 강의를 담당하는 교수자의 역량과 학습자 개개인의 탐구 역량으로 채워갈 수 있기를 기대한다.

교재 출간을 위해 여러 차례 원고를 검토하고 수정하는 고생을 마다치 않은 집필자 선생님들께 감사드린다. 더불어 좋은 책을 만들고자 노고를 아끼지 않은 태학사의 임직원 여러분들께도 감사의 말씀을 전한다.

원광대학교 〈글쓰기 이론과 실제〉 교재 편찬위원회 일동

목차

3장 글쓰기의 절차

4장 삶과 글쓰기

1장

글쓰기의 기초

1. 인문학과 글쓰기

인문학이란 무엇인가? 이 질문에 대한 대답은 의외로 간단하지 않다. 물론 범박하게 규정하자면 인문학이란 인간의 정신·문화·역사에 대한 학문적 접근을 시도하는 영역이라고 할 수 있다. 인문학은 원래 고대 서양에서 3학으로 알려진 문법, 수사학, 논리학을 통칭하는 넓은 학제적 개념으로 산술, 음악, 기하학, 천문학을 통칭하는 자연과학과 나란히 대학 교육의 핵심으로 자리매김하고 있다. 오늘날에는 문학, 역사, 철학 등으로 대표되는 학문의 한 분과로 이해되기도 한다. 인문학은 인간의 삶 전반을 다루고 있다는 점에서 모든 학문의 근간을 이루고 있다고 해도 과언이 아니다.

인문학의 영역을 단순히 문사철(文史哲)로 한정하는 것에는 한계가 뒤따른다. 심지어는 미학과 예술, 음악, 신학 등도 인문학의 분야에 포함되어야 한다는 견해도 있기 때문이다. 이러한 학제적 개념보다 중요한 것은 인문학적 사유와 인문학적 글쓰기를 위해서는 인간의 삶과 인간 삶의 조건에 관한 다양한 성찰이 전제되어야 한다는 점이다. 예로부터 사람을 가르치는 세 가지 학문으로 철학과 문학과 역사를 드는 것도 인간의 삶 속에서 인문학의 역할과 중요성을 부각해 준다.

철학, 역사, 문학을 포괄하는 인문학적 글쓰기는 학술적인 글쓰기와 일상적인 글쓰기 그리고 예술적인 글쓰기의 영역을 넘나드는 가장 수준 높은 단계의 글쓰기라 할 수 있다. 그렇다고 지레 겁먹을 필요는 없다. 학문의 영역이 포괄적이고, 인간의 삶을 테마로 하고 있다는 점에서 인문학적 글쓰기는 그만큼 형식적 다양성이 인정되고, 글의 소재나 주제도 친숙할 가능성이 높기 때문이다. 물론 인문학의 영역을 세분화하고 나면 글쓰기의 성격은 더욱 복잡한 양상을 띠게 된다. 그러나 우리가 이 세상을 살아가며 한 번쯤 생각해봄 직한 인간적 문제들에 관해 느긋하게 탐구해 가는 학문으로 인문학을 받아들인다면 부담은 다소 줄어들 수 있을 것이다.

인문학적 글쓰기를 통해 우리가 역사나 철학에 관한 심오한 에세이를 남기고자 하는 것도 아니고, 사람들의 심금을 울리는 시나 소설을 쓰자는 것도 아니다. 모두가 학자가 되고 시인이 된다면 세상은 한결 아름다워질 수 있을지도 모르지만, 모두가 그런 재능을 타고난 것은 아니며 사실 그럴 필요도 없다. 그렇지만 인문학적 글쓰기에 대한 이해는 단순한 글쓰기 과정을 넘어 문학, 역사, 철학이라는 인문학 일반에 대한 이해를 도모할 수 있으며, 더 나아가서는 우리가 삶을 영위하고 있는 이 세계와 우리 자신을 진지하게 탐구하는 과정이 될 수 있다.

인문학은 흔히 인간의 문화학이자 인간의 정신학이라고도 하며, 더 간단히 말해 인간학이라고도 한다. 이 말은 인문학이 궁극적으로 인간의 삶을 탐구한다는 뜻을 담고 있다. 따라서 인문학적 글쓰기를 위해서는 우선 삶의 다양성에 대한 관심과 이해가 필요하며, 이를 통해 삶의 궁극적 가치와 의미를 발견하도록 노력해야 한다. 인문학적 글쓰기를 통해 인간 삶에 대한 보편적 지혜와 구체적 양상의 조화에 대한 성찰을 모색할 수 있을 것이다.

각각의 글에서 시사하고 있는 문제를 기반으로 인문학적 글쓰기가 어떠한 형태로 이해될 수 있는지 살펴보도록 하자.

(가)

도대체 역사적 사실이란 무엇인가? 이것은 우리들이 좀 더 치밀하게 생각해 봐야 할 중대한 문제다. 상식적인 관점에 의하면 어떤 역사가에게나 동일한, 말하자면 역사의 뼈대가 되는 기초적 사실들이 있다는 것이다. 헤이스팅스 전투는 1066년에 있었다는 사실 같은 것이 그 일례라 하겠다. 그러나 이러한 관점에 대해서는 두 가지 고찰이 필요하다. 첫째로 역사가의 일차적 관심은 이러한 사실에 있지 않다. 큰 전투는 1066년에 일어났고 1065년이나 1067년에 일어나지 않았다는 것, 헤이스팅스에서 싸움이 벌어졌고 이스트본이나 브라이턴이 아니었음을 아는 것은 확실히 중요하다. 역사가는 이러한 점에서 잘못을 저질러서는 안 된다. 이러한 점이 강조될 때 나는 '정확은 의무이지 미덕은 아니다.'라고 한 하우스만(Alfred E. Housman)의 논평을 생각한다.

역사가를 정확하다고 해서 칭찬한다는 것은 잘 말린 목재를 썼다거나 잘 혼합된 콘크리트를 썼다고 해서 건축가를 칭찬하는 것이나 마찬가지이다. 그것은 그의 일의 필요조건이지 본질적 기능은 아닌 것이다. (…중략…) 우리들이 1066년에 헤이스팅스에서 전투가 벌어졌다는 것을 알려고 하는 유일한 이유는 역사가들이 그 전투를 주요한 역사적 대사건으로 본다는 것에 있다. 시저가 루비콘이라는 작은 강을 건넜다는 것이 역사적 사실이라는 것은 역사가들이 자기들의 이유에 따라 결정한 것이지 그 전에나 그 후에 수백만의 다른 사람들이 루비콘 강을 건넜다는 일에 대해서는 아무나 관심을 두지 않는다.

여러분이 반시간 전에 걸어서, 혹은 자전거나 자동차를 타고 이 건물에 도착했다는 사실도 시저가 루비콘강을 건넜다는 사실과 꼭 마찬가지로 과거에 관한 사실임에는 틀림없다. 그러나 역사가들은 아마도 이를 무시해 버릴 것이다. (…중략…) 역사란 불가피하게 선택적이게 마련이나. 역사가의 해석으로부터 독립하여 객관적으로 존립하는 역사적 사실이라는 굳은 핵(核)을 믿는다는 것은 전후가 전도된 오류다. 그러나 이러한 오류를 근절한다는 것은 매우 어려운 일이다.

– E. H. 카, 이기백·차하순 편, 「역사와 사실」, 『역사란 무엇인가』, 문학과지성사, 1985, 7~8쪽.

(나)

철학의 근본적 의도는 모든 것의 근본적이며 총체적 투명성 즉 가장 확실한 진리 추구에 있다. 철학의 본질은 모든 것에 대한 경험, 신념, 주장에 대한 비판적인 '반성적 사유'이다. 철학에서 반성적 사유의 대상은 자기 자신까지도 포함한다. 모든 활동이 다 같이 일종의 반성적 사유를 동반하지만 자기 자신까지를 그 속에 포함하는 활동은 철학뿐이다. 가령 과학이나 예술이 "과학이란 무엇이냐", "예술이란 무엇인가"를 묻는 순간 과학과 예술은 철학으로 변신한다.

엄밀히 따지고 보면 세계는 한없이 혼란스럽고, 우리가 사용하는 언어의 의미는 불투명하며, 우리의 신념과 주장은 조리에 맞지 않고, 우리의 행동은 일관성이 없다. 철학적 충동은 이러한 혼탁과 혼동으로부터의 해방이며, 철학이 추구하는 것은 세계, 인간에 대한 철두철미하게 투명한 진리 즉 '궁극적이고 총괄적 진리'이다. 철학적 진리 즉 세계와 인간에 대한 투명하고 참된 인식은 언어적 차원에서 그 의미의 해명 즉 '개념 정리'를 초점으로 이루어진다. 반성은 필연적으로 관념적 활동이며, 관념은 반드시 개념적이고, 개념은 불가피하게 언어적이기 때문이다. 이런 철학적 반성은 세밀하고 엄정한 논리적 분석과 종합적 사유를 요청한다. 철학이 난해해지는 것은 이 때문이다. 깊은 진리는 그만큼의 대가를 요구한다.

– 박이문, 『사유의 열쇄』, 산처럼, 2005, 15~18쪽.

(가)는 인문학의 한 분과인 역사 영역에서 어떠한 글쓰기가 이루어지는지를 잘 보여준다. 간단하게 말하자면 역사적 글쓰기는 과거의 사실을 기록하는 글이다. "시저가 루비콘 강을 건넜다"라고 쓰면 역사적 진술이 된다. 그러나 과거에 대한 모든 쓰기가 역사적 진술이 될 수는 없다. 인용문에서 밝히고 있는 것처럼 루비콘 강을 건넌 사람은 시저만이 아니다. 시저 이전과 이후에도 무수히 많은 사람이 그 강을 오고 갔다. 그러나 시저가 그 강을 건넜다는 '사실'에 대한 기록만이 역사가 될 수 있다. 우리가 버스를 타고 학교에 와서 강의실에 앉았다는 사실에 대한 기록이 역사가 될 수 없는 것은, 그 사실이 선택되지 않았기 때문이다. 이처럼 역사적 글쓰기는 역사관에 의한 '선택' 또는 '해석'이 전제되어야 한다.

역사적 진술이라는 것이 한 개인의 주관(역사가의 주관)에 의해 선택된 정보의 나열에 불과하다면, 이것이 아무리 사실을 기반으로 하는 것이라 할지라도 소설과 다를 수 없지 않은가 하는 의문이 생긴다. 실제로 역사적 사실을 기반으로 하는 소설작품을 우리는 흔히 주변에서 발견하기도 한다. 역사적 글쓰기는 필연적으로 역사적 사실을 검증하는 과학적 작업이 전제되어 있다는 점에서 문학적 글쓰기와 구분된다. "정확은 의무이지 미덕은 아니다"라는 진술은 언뜻 역사적 사실에 대한 중요성을 간과하고 있는 것처럼 보인다. 그러나 정확성이 '의무'라는 진술은 역사적 글쓰기가 '사실'을 토대로 하고 있다는 점을 그대로 드러낸다. 다시 말해, 역사적 글쓰기는 객관적 사실에 충실해야 하지만, 그 사실을 고정 불변하는 것으로 받아들인다면 더 이상 발전적인 글쓰기는 기대할 수 없을 것이다.

철학은 앎에 관한 학문이다. 철학적 글쓰기는 이러한 앎을 축적해 가기 위한 실천적 행위이다. 간혹 철학의 영역에서 아는 것과 글쓰기는 동일한 의미로 받아들여지기도 한다. 이는 인용문을 통해 잘 드러난다. 철학적 충동은 혼탁과 혼동으로부터의 해방이며, '궁극적이고 총괄적인 진리'의 추구에서 비롯된다. 그리고 이러한 궁극적이고 총괄적인 진리, 즉 세계와 인간에 대한 참된 인식은 언어적 차원에서 그 의미의 해명, 즉 '개념 정리'를 초점으로 이루어진다.

(나)에서 밝히고 있는 것처럼 철학적 글쓰기는 세밀하고 엄정한 논리적 분석과 종합적 사유를 전제로 한다. 이것은 역사나 문학 영역의 글쓰기에서처럼 과거에 있었던 일을 객관적으로 전달하려는 목적을 지닌 것도 아니며, 허구의 세계를 통해 인간 삶의 궁극적 양상을 드러내는 것과도 구분된다. 철학적 글쓰기는 '논리'와 '개념'을 근거로 하며, 이는 불가피하게 언어를 매개로 하고 있다는 점에서 정확하고 명징한 언어 구사를 요청한다.

인용문에서 밝히고 있는 철학의 문제와 철학적 글쓰기의 양상은 영국의 저명한 철학자 비트겐슈타인을 위시한 논리실증주의의 견해를 전제로 하고 있다는 점에서 우리에게는 다소 추상적이고 어렵게 다가올 수 있다. 그러나 철학의 다른 여러 분과 역시 인간과 인간을 둘러싸고 있는 이 세계에 대한 앎의 문제를 다루고 있다는 점에서, 철학적 글쓰기는 논리적 명징성과 객관성을 근간으로 하고 있다는 사실은 변하지 않는다.

'스니커'라는 명칭은 정확하지 않다. 스니커(SNEAKER)는 '비열한 사람'을 말한다. 사실은 스니커즈(SNEAKERS)다. 하지만, 그런 것은 아무래도 괜찮다.

스니크(SNEAK)는 '살금살금 걷는다'는 뜻이다. 분명히 스니커를 신으면 살금살금 걸을 수가 있다. 틀림없이 처음으로 스니커를 발명한 사람은 친구나 가족에게 수없이 싫은 소리를 들었을 것이다.

"뭐, 뭐야, 자넨가? 뒤에서 살금살금 걸어오니까 깜짝 놀랐잖아"라든지, "당신, 앞으로 그 새 신발 좀 신고 다니지 마세요. 깜짝 놀라서 접시를 세 개나 깨먹었다구요."라고 말이다.

하지만, 스니커를 발명한 이는 여간 재미있는 사람이 아니었을 것이라고 생각된다. 여러 가지로 장난을 쳤을지도 모른다. 그러한 광경을 상상해 보면 상당히 재미있다.

자세히 조사해 보니까, 스니커는 1872년에 보스턴에 사는 제임스 P. 브래들리라고 하는 마구상 주인에 의해서 발명되었다고 한다. 브래들리 씨의 사람 됨됨이에 대해서는 자세한 기록이 없는 것 같다. 부인이 접시를 깨트리거나 친구에게 핀잔을 받았다고 하는 기록도 없다. 에디슨이나 라이트 형제에 대한 전기는 상세하게 남아 있는데, 스니커를 발명한 사람이 이렇게 낮게 평가받고 있는 것은 불공평하다고 나는 생각한다.

그러나 그건 그렇다 치고, 이 브래들리 씨는 상당히 특이한 인물이었던 것 같다. 그는 처음에 고무 말밥굽을 발명해서 시 당국에 13달러의 벌금을 물었다. 고무 말발굽을 붙인 말이 살금살금 거리를 지나가다가, 앞서가는 노부인의 목덜미를 낼름 핥았기 때문이다. 노부인은 졸도하고, 브래들리 씨는 경찰에 연행되어가서 벌금형을 받고, 고무 말발굽은 폐기되었다.

그러나 브래들리 씨는 단념하지 않고 고무 말밥굽의 연구를 계속했고, 그것은 드디어 실험적으로 인디언 토벌군에게 채용되게 되었다. 1868년의 일이다. 소리를 내지 않고 기병대가 인디언의 배후로 잠입해 들어가기 위한 것이었으나, 그 성과는 그다지 바람직하지 않았던 것 같다. 보스턴의 노부인과 수족의 전사는 역시 사정이 달랐던 것이다. 그리고 1872년에 브래들리 씨는 "말밥굽에 고무 밑창을 댈 수 있다면, 인간의 신발 밑바닥에 고무를 갖다 대도 괜찮지 않겠는가?" 하는 코페르니쿠스적, 오카모토 다로 적 전환을 이룩했다. 그리고 거기에서 '브래들리 식 고무 밑창 신발'이 탄생한 것이다.

'브래들리 식 고무 밑창 신발'은 어느 사이엔가 스니커즈라고 불리게 되었다. 이러한 악의에 찬 이름이 붙여진 것을 보면, 보수적이고 온건한 보스턴의 시민들은 브래들리 씨와 그 발명품에 대해서 상당히 짜증스러워 했던 모양이다.

그런데 세월은 흘러 1982년이 되었다. 나는 스니커를 대단히 좋아한다. 1년 중 350일은 스니커를 신고 생활하도 있다. 덱 슈즈, 로컷, 바스켓볼 모델이나 빨간색, 파란색, 흰색 스니커나, 콤파스, 케즈 등 여러 가지 스니커를 가지고 있다. 스니커를 신고 거리를 걷다 보면, 나이를 먹는 것 따위는 조금도 두렵지 않은 것 같은 느낌이 들게 된다.

때때로 어떤 사람이 스니커를 발명했을까 하고 생각한다. 여러 가지를 생각한 끝에, 앞에서 말한 것과 같은 거짓말을 생각해 냈다. 전부 거짓말이다. 정말 미안하다.

– 무라카미 하루키, 김진욱 역, 「마이 스니커 스토리」, 『그러나 즐겁게 살고 싶다』, 문학사상사, 1996.

이 글은 과거에 일어난 사건에 대한 진술이 대부분을 차지한다. 그러나 우리는 이 글이 역사적 글쓰기 작업을 통해 탄생한 텍스트가 아니라는 것을 단박에 알 수 있다. 글의 말미에 모든 진술이 거짓임이 드러나 있기 때문이다. 인용문은 '브레들리'라는 허구의 인물을 통해 스니커즈라는 신발의 기원에 관해 쓰고 있다. 사실에 근거하고 있지 않음으로 이 글은 허구에 근간을 두고 있는 문학작품이다.

인용문은 역사기술 양식을 빌려 쓴 하나의 픽션이라는 점에서 흥미롭다. 문학은 이처럼 다양한 쓰기의 형식을 덮어쓰고, 즉 수단과 방법을 가리지 않고 '허구'를 생산하는데 주력하는 장르이다. 사실이 아닌 거짓을 말하는 글쓰기가 어떤 가치를 가질 수 있을까? 아리스토텔레스는 2천 년 전에 이미 '거짓말'의 위력을 간파한 인물이다.

> 역사가와 시인의 차이점은 운문을 쓰느냐 아니면 산문을 쓰느냐 하는 점에 있는 것이 아니라, 한 사람은 실제로 일어난 일을 이야기하고 다른 사람은 일어날 수 있는 일을 이야기 한다는 점에 있다. 따라서 시는 역사보다 더 철학적이고 중요하다. 왜냐하면 시는 보편적인 것을 말하는 경향이 더 강하고, 역사는 개별적인 것을 말하기 때문이다. '보편적인 것을 말한다'함은 다시 말해 이러이러한 성질의 인간은 개연적으로 또는 필연적으로 이러이러한 것을 말하거나 행하게 될 것이라고 말하는 것을 의미한다.
>
> – 아리스토텔레스, 천병희 역, 『시학』, 문예출판사, 2006, 62～63쪽.

인간 삶의 보편적 국면을 드러내기 위한 거짓말은 역사적 사실보다 더 많은 것을 말할 수 있다는 것이 아리스토텔레스의 생각이다. 문학이 역사, 철학과 함께 인문학의 핵심적인 위치에 놓이는 것은, 문학작품을 통해서 인간의 실존적 경험을 새롭게 인식하고 이를 통해서 인간에 대한 깊이 있는 이해를 도모할 수 있다는 점 때문이다. 이렇듯 문학적 글쓰기는 인간에 대한 이해를 통해 올바른 사고력과 풍부한 감수성, 그리고 정확한 글쓰기를 배울 수 있다는 점에서 큰 의미가 있다.

문학적 글쓰기는 시, 소설, 희곡, 비평 등 문학의 세부 장르별로 다양한 글쓰기가 전개된다. 그러나 문학의 본질적인 목표가 인간 삶의 보편적 모습을 드러내는 것이라는 점에서 문학적 글쓰기의 목표는 어쩌면 모두 동일하다고 볼 수 있다. 즉 문학적 글쓰기는 누구나 믿을 수 있는 그럴듯한 거짓말을 통해 우리의 삶을 그려낸다.

이상으로 인문학의 각 영역을 대표하는 글쓰기의 특징에 대해 간략히 살펴보았다. 각 영역이 견지하는 글쓰기의 개별적 특징들은 분명히 존재한다. 그리고 이들 영역의 하위 분과까지 고려한다면 글쓰기의 형태는 더욱 다양한 모습으로 드러날 수 있다. 그러나 인문학적 글쓰기가 분과별로 명확하게 구분되는 것만은 아니다. 우리는 가끔 철학적 진리를 전달하기 위해 문학적 글쓰기 양식을 빌리는 경우를 목격한다. 또 어떤 경우에는 문학작품에 역사적 철학적 쓰기의 양식이 동원되는 경우도 발견한다. 이러한 점들로 미루어볼 때 어쩌면 제반 인문학 영역의 개별적인 글쓰기 특징들이 종합적으로 고려된 글쓰기로서 인문학적 글쓰기의 궁극적인 방향이 제시될 수도 있다.

연습 문제

1. 과거에는 역사적 사실로 받아들였던 것이 오늘날에는 역사적 사실로 받아들여지지 않는 실례를 찾아보고 그 이유에 대해 간략히 서술해 보자.

2. 무라카미 하루키의 「마이 스니커 스토리」의 형식을 빌려 누구나 믿을 수 있는 거짓말을 기술해 보자.

절 취 선

3. '인생 철학'이라는 말이 있다. 왜 '인생'과 '철학'을 연결하는지 생각해보고, 각자 자신의 '인생 철학'은 무엇이며 왜 그런지 말해 보자.

4. 스포츠를 인생에 비유하는 사례가 있다. 가령 '야구 경기를 보면 인생을 알 수 있다'는 말도 있다. 이처럼 각자 자신이 좋아하는 스포츠를 인생에 비유해 보고 그 이유를 설득력 있게 제시해 보자.

절취선

2. 사회과학과 글쓰기

사회과학은 과학의 한 분야로서 사회현상을 연구 대상으로 삼는 학문이다. 사회과학은 대체로 정치학, 사회학, 경제학, 법학 등을 주로 다루면서, 이들 여러 학문 사이의 관계를 분석하고 종합한다. 오늘날의 사회과학은 여타 인문학이나 자연과학과의 특별한 경계가 있는 것은 아니다. 다만, 인위적·창조적 요소를 내재하고 있다는 점에서 그 차이를 인정받을 수 있다. 19세기에 들어와 근대적 제도방식에 따라 형이상학적인 분석방법을 탈피한 점을 고려한다면, 오늘날의 사회과학은 어느 정도의 합법칙성과 창의성을 내포하고 있는 셈이다.

사회과학의 목표가 미래에 대한 예측 가능성과 사회 현상에 대한 다양한 법칙을 발견하는 것에서 출발한다면, 사회과학적 글쓰기 또한 그에 상응하는 기본 요건이 존재할 것이다. 그 요건은 다음과 같다.

첫째는 독창성이다. 사회과학적 글쓰기에서의 독창성은 자료나 연구방식 혹은 글을 쓰는 이의 새로운 주장, 그리고 창의적인 사고에 의해서 가능해진다. 예를 들어, '아메리카를 최초로 발견한 사람은 누구인가?'라는 질문에 상당수의 사람은 '크리스토퍼 콜럼버스'라고 대답할 것이다. 그러나 누군가 '아메리카 원주민'이라고 말한다면, 그 주장은 충분한 독창성을 확보한 셈이다. 둘째는 객관성을 들 수 있다. 객관성은 주관을 객관화하는 능력과 그 수준을 의미한다. 앞에서 예로 든 '아메리카에 대한 주관적인 대답'을 다양한 자료나 분석을 통해 객관적이고도 합리적으로 증명해 낼 수 있다면, 이 단계에서의 요건은 어느 정도 갖춰진 셈이다. 셋째는 검증성이다. 글쓴이의 주장과 핵심적인 문제 제기의 사실 여부를 판별할 수 있는 능력을 말한다. 모든 글은 강자의 편에서 쓰이게 마련이다. 인류의 역사가 서양 중심으로 기술된 점을 참작한다면 모든 역사적인 글은 어느 정도의 오류를 잠재하고 있다고 봐도 무방하다. 따라서 자신이 주장하고자 하는 바가 어떤 근본적인 오류에 빠져 있지는 않은지 여러모로 살펴볼 필요가 있다. 끝으로 정확성이다. 자료의 출처와 인용, 어휘의 개념과 지시성, 문장의 표현과 명확성이 분명하게 제시되지 않는다면, 앞에서 언급한 세 요소가 아무리 뛰어나다 할지라도 그 가치는 인정받을 수 없다.

그렇다고 사회과학적 글쓰기의 방법이 앞에서 언급한 네 가지 요건에 무조건 들어맞아야 한다는 것은 아니다. 현실 세계에서는 경험적 현상이 그것을 발생시키는 실재를 은폐하거나 왜곡하는 경우가 많기 때문이다. 오히려 문학적 글쓰기의 형태에 맞춰, 자신의 경험적 자료들과 그 자료들에 은폐되는 실재를 전환해 연결 짓는 것이 더 적합할 때도 있기 때문이다. 그러므로 특정 형식의 규준에 무조건 따르기보다는 자신이 터득하고 체계화한 지식을 글을 읽는 독자가 최대한 공유할 수 있도록 표현하는 데 주력할 필요가 있다.

다음에 제시된 인용문들은 자신의 경험을 활용하여 사회현상을 잘 설명하고 있다. 이 글들에서 알 수 있는 글쓰기의 특징을 찾아보고, 사회과학적 글쓰기의 가능성에 관해 이야기해 보도록 하자.

P대리가 택시 기사인 그의 아버지에 대해 얘기했다. 부쩍 건강이 나빠진 당신에게 아무리 병원에 가자고 해도 '내 몸은 내가 제일 잘 안다'라며 몇 년째 진통제로 때우신다고 한다. 그는 제 아버지가 '판피린 중독'이라고 말했으며 나는 그 말을 들으면서 마음이 아팠다.

P대리의 말이 생각나 밤에 집에 와서 슬쩍 엄마, 아버지 주무시는 큰 방에 들어가 보니 엄마, 아버지 베개 옆에도 판피린, 펜잘 따위 진통제가 널려 있다. 나는 한 번도 이걸 눈치 채지 못했다. 아마 나의 부모님도 오래된 지병들을 판피린과 펜잘로 하루하루 견뎌내고 있었을 것이다. 판피린과 펜잘이 이렇게 슬퍼 보인 적이 없었다. 아마도 우리 부모님 세대가 대부분 진통제 중독 세대일 것이다. 대한민국의 조잡한 근대화를 통과하면서 고된 육체노동과 기계 앞에서 느끼는 소외감과 인간적인 고독을, 판피린과 펜잘로 이겨온 사람들.

그러니까 결국 자본주의는 진통제 체제이다. 병을 없애는 게 아니라 병을 잠깐 망각하는 체제. 병의 원인을 찾지 않고 밖으로 드러난 징후들만 그때그때 극복하는 체제. 사람들이 진통제를 먹지 않으면 견딜 수 없는 체제. 나는 자본주의가 싫고, 이 고독한 지옥의 사무 노동이 싫다.

– 김준, 『소심한 김대리 직딩일기』, 철수와영희, 2007, 26쪽.

글쓰기에서 실제 경험만큼 중요한 자산은 없다는 말이 있다. 이 말은 제아무리 치밀한 논리와 현란한 수사를 동원해서 쓴 글이라 할지라도 글쓴이의 체험담이 가진 감화력에 비할 바는 못 된다는 뜻을 담는다. 경험이 뒷받침되지 않은 '논리'와 '수사'는 자칫 말장난으로 치부될 수 있음을 경계하고 있기도 하다. 실제 경험이 이처럼 글쓰기에서 중요한 자산이기는 하지만, 글쓰기의 성패는 어떤 경험을 하느냐보다 더 중요한 것이 존재한다. 글쓰기의 성패는 어떤 경험인가보다 그 경험을 어떻게 해석하는가에 따라 달려 있기 때문이다.

인용문은 '판피린'에 얽힌 사소한 경험을 통해 '자본주의 체제'의 본질에 대한 통찰을 끌어낸다. 우선 경험과 개념을 연결하여 서술하고 있다는 점에서 사회과학적 글쓰기의 기본 개념을 도출해낸다. 중요한 것은 '경험을 통해 개념(본질)을 드러낼 것인가?' 아니면 '개념(본질)으로부터 경험으로 나아갈 것인가?'라는 점이다. 사회과학적 훈련이 충분히 되어 있는 사람이라면 '개념으로부터 경험으로' 서술하는 것이 더 효율적일 수 있겠지만, 그 반대의 경우라면 독자에게 비교적 친숙한 '경험으로부터 개념으로'의 방식이 쉬울 것이다. 이 글 또한 경험에서 개념으로의 방식을 통해 독자가 최대한 공감할 수 있도록 글의 구조를 설정해 놓고 있다.

물론, 이러한 방식이 사회과학적 글쓰기의 모든 경우를 대변하지는 않는다. 글을 쓰는 의도와 글을 읽는 독자의 수준에 따라 글의 내용과 전달 방법은 그것에 맞게 모색되어야 하기 때문이다. 자신이 전달하고자 하는 주요 개념이 무엇인지, 그 조건을 수용하는 대상이 무엇인지를 충분히 고려하고 숙지한다면 보다 독자의 흥미를 끌 수 있는 글을 쓸 수 있을 것이다.

벤담의 파놉티콘은 푸코에 의해 현대 사회의 규율 메커니즘으로 탈바꿈했고, 푸코의 파놉티콘은 정보 파놉티콘과 전자 파놉티콘, 수퍼 파놉티콘으로 이어졌다. 그렇지만 우리는 19세기 이후 사회의 파놉티콘화와 더불어 의회, 언론, 시민운동과 같은 시놉티콘이 동시에 발전했으며, 정보 파놉티콘과 전자 파놉티콘은 권력을 감시하는 역파놉티콘으로 기능할 수도 있음을 살펴보았다. '감옥이 없다면 우리 사회가 바로 감옥이라는 사실을 금방 알았을 것'이라는 프랑스 작가 모리스 블랑쇼(Maurice Blanchot)의 말이나 '현대사회=감옥'이라는 등식은 현대 사회와 조직에서의 통제 메커니즘을 설명하는 데에는 한계가 있다. 지금까지 우리가 보았듯이 전자 파놉티콘이나 정보 파놉티콘이라는 개념들은 감시의 범위가 넓어졌다는 사실과 감시를 수행하는 중앙 권력이 분산된 것을 잘 설명하지는 못한다는 사실을 차지하고라도 다음과 같은 중요한 인식들을 충분히 담아내지 못하고 있다. 작업장에서의 감시에서 시선보다 정보 수집이 더 중요해진 과정, 이것이 자본주의의 소비주의와 결합하면서 소비자 정보를 수집하는 메커니즘이 발달한 과정, 그리고 이러한 정보 수집이 종종 피감시자의 자발적인 행위와 협조를 통해 일어난다는 것, 특히 인터넷 같은 쌍방향 네트워크나 정보 공개가 투명해질 경우 보통 사람들이 권력자를 감시하는 것과 같은 역파놉티콘과 같은 결과를 낳을 수도 있다는 것이 그것이다. 그렇지만 역파놉티콘은 자동적으로 이루어지지 않음을 인식하는 것이 중요하다. 시민운동과 다양한 NGO들에 의한 행정 및 사법 권력에 대한 감시, 대기업의 횡포와 통신·인터넷 기업의 개인 정보 유출에 대한 감시, 의정과 언론에 대한 감시, 시민운동의 또 다른 권력화에 대한 끊임없는 성찰과 자기 감시, 인터넷과 같은 새로운 미디어의 통제에 대한 반대운동, 정보의 수집을 제한하는 강력한 프라이버시법의 입법화, 그리고 역감시를 위한 정보 공개권의 확보 등이 결합할 때에 역파놉티콘이 제 기능을 발휘할 것이다.

– 홍성욱, 『파놉티콘: 정보사회 정보감옥』, 책세상, 2007, 127쪽.

사회과학적 글쓰기는 다양한 탐구 활동과 사고 활동을 통해 자신이 획득한 지식을 전달하는 작업이다. 다시 말해, 자신이 분석한 정보를 하나의 용어로 제시하고 서술하는 작업이라 할 수 있다. 그러기 위해서는 자신이 서술하고자 하는 대상에 대한 분명한 개념 설정과 용어 선택이 우선되어야 한다. 그다음 글을 쓰는 과정에서 발생하는 수많은 가설 속에서 자신이 생각한 가장 타당한 가설 하나를 고른 후 자신의 주장에 적합한 용어를 사용해야 한다.

글을 쓰는 사람은 대상에 대한 정확하고 분명한 개념 정리를 선행해야 한다. 그렇지 않으면 심도 있는 내용의 글을 기대하기는 사실상 어렵다. 인용문은 핵심적인 개념 하나를 글 전체의 사례에 적용하고 있는 좋은 예다. 이 글의 핵심 개념은 '역파놉티콘'이다. 역파놉티콘은 파놉티콘과 반대되는 개념으로 권력을 갖지 못한 개인과 시민단체 또는 그룹이 정보 파놉티콘과 전자 파놉티콘을 이용하여 권력을 감시하는 기능을 하는 것을 뜻한다. 파놉티콘의 뜻이 권력 주체가 개인과 사회의 통제기능을 행하는 것이라면, 이 글은 상반된 개념을 통해 자신의 주장을 보다 분명하게 드러내고 있다.

모든 글을 개념화하기란 사실 어려운 측면이 있기도 하다. 더군다나 글쓴이의 경험을 인과적인 지식의 체계로 확립하는 데에도 한계가 있다. 글을 쓰는 사람은 수많은 자료 사이에서 끊임없이 고민하고 사유해야 하는 번거로움 속에 늘 노출되어 있기 때문이다. 그러나 이는 기우에 불과하다. 이러한 반복적인 과정을 통해 글을 쓰는 사람은 자신만의 개성적인 글의 구조를 습득하기 때문이다. 이후, 대상에 대한 사유가 나름대로 정리되면 글을 쓰기 위한 자료들과 그것을 가장 적절하게 설명하는 개념을 연결하여 서술하는 것은 어쩌면 비교적 쉬운 작업이 될지도 모른다.

지금까지 사회과학적 글쓰기의 방법에 대해 간략히 살펴보았다. 앞에서 언급하고 있는 글쓰기의 방법들은 사회과학적 글쓰기의 다양한 예 중 일부에 불과하다. 무엇보다 중요한 점은 체계적인 사회과학적 글쓰기의 수준에 도달하려면 자신의 주장을 명확하게 정리하고 체계화하는 태도를 가져야 한다는 점이다. 사회 현상을 최대한 개념화하면서 분석하고 종합할 줄 안다면, 사회과학에서 요구하는 글쓰기의 기본과정을 나름의 방식으로 터득할 수 있을 것이다.

연습 문제

5. 다음 인용문을 읽고 핵심 개념을 찾아 이야기해보자. 그 핵심 개념에 다른 유사한 다른 사례를 적용하여 한 편의 다른 글을 완성하여 보자.

게오르크 짐멜은 화폐에 대한 믿음이 신에 대한 믿음과 유사하다며, 편안함을 누리기 위해 화폐를 격렬하게 추구하는 것은 영혼의 평안을 위해 신에게 헌신하는 태도와 닮았다고 했다. "화폐에 대해 성직자들이 종종 적대감을 보이는 이유는 화폐에 대한 심리적 태도와 신에 대한 심리적 태도가 유사하기 때문이다." 성직자들은 화폐에서 만족을 찾으려는 사람들의 태도가 교회에서 구원을 얻어야 할 심리적 필요를 감소시킬지 모른다고 생각했다. 오늘날 화폐의 지위를 가장 잘 나타내는 말은 무엇일까. 짐멜은 이렇게 말했다. "화폐는 세계의 세속적 신이다."

화폐에서 종교적 냄새를 맡은 것은 학자들만이 아니었다. 1972년 서독의 재무부 장관 헬무트 슈미트는 당시 금본위제의 붕괴에 대해 아주 흥미로운 말을 했다. "화폐신학을 둘러싼 종교전쟁의 시대가 끝났다." 화폐신학과 종교전쟁, 그 역시 화폐를 신학의 문제로 바라보았던 것이다. 하지만 그는 금본위제의 붕괴로 그런 것이 끝났다고 했다. 화폐가 금을 더 이상 신앙의 근간으로 삼지 않게 되었다는 것이다. 그는 화폐와 금을 잇던 줄이 끊어져버린 사태를 두려워하지 않았다. "태양에서 지구가 풀려날 때 우리는 무엇을 하는가? ……계속해서 추락하는 것은 아닌가? 프리드리히 니체의 광인이 신의 죽음을 알린 뒤, 신과의 줄이 끊어진 인가의 운명에 대해 던진 그 불안한 질문을 그는 의식하지 않았다.

그러나 금본위제의 붕괴를 신의 죽음으로 이해한 슈미트는 너무나 성급했다. 신의 시체로도, 그 그림자로도 살아간다는 니체의 말처럼, 화폐의 종교적 성격은 금과의 줄이 끊어진 뒤에도 변하지 않았다. 오늘날에도 화폐에 절대적인 것은 신앙이다. 사실은 금본위제 시대에도 금에 대한 '신앙'이 실제의 금보다 더 중요했다. (…중략…)

그래서 밀튼 프리드먼은 화폐에 대해 재미있는 정의를 내렸다. 화폐제도란 우리가 믿는 만큼 그 진실성이 커지는 허구라고. "모든 화폐제도는 어떤 점에서 본다면 하나의 허구에 불과한 것을 서로 받아들이기 때문에 존재한다." 물론 "그것을 지키는 것의 가치가 매우 크므로 그 허구가 쉽게 깨지지는 않는다."

화폐는 일종의 허구이다. 그러나 이것으로서 화폐 존재에 대한 우리의 궁금증이 해소되는 것은 아니다. 궁금증은 오히려 더 커진다. 왜 우리는 그런 허구적 존재에 의존하지 않으면 안

절취선

되게 되었는가. 왜 우리는 삶의 조건으로서 그런 허구를 필요로 하게 되었는가. 무엇보다도 왜 우리는 그런 허구적 존재에 지배받고 있는가.

– 고병권, 『화폐, 마법의 사중주』, 그린비, 2011, 21~23쪽.

절취선

6. 다음은 매킨타이어가 말하는 사회심리학 역사상 가장 유명한 세 가지 발견 중 하나인 '확증 편향 이론'에 대한 설명이다. 아랫글을 읽고 '확증 편향 이론'에 해당하는 생활 속 실제 사례를 찾아 정리해 보자.

웨이슨은 대학생 29명을 모집한 뒤 경험적 증거를 바탕으로 규칙을 발견해야 하는 인지 과제를 실시했다. 실험 참가자는 '2, 4, 6'처럼 세 숫자로 이루어진 배열을 확인한 후에 숫자 배열을 생성하기 위해 사용된 규칙을 알아맞혀야 했다. 이때 참가자는 자기 스스로 숫자 배열을 작성한 다음에 실험자에게 확인받을 수 있었다. 그러면 실험자는 참가자가 작성한 숫자 배열이 자신이 정한 규칙에 어긋나지 않는지 대답해줬다. 이 작업은 얼마든지 반복할 수 있었지만 가능한 한 적은 시도로 규칙을 발견하도록 지시받았다. 실험자에게 보여줄 수 있는 숫자 배열에는 아무 제약이 없었다. 여러 차례 숫자 배열을 제시해 충분히 규칙을 파악했다고 생각한다면 정답을 제시하면 되었다.

하지만 결과는 충격적이었다. 29명 모두 지적 능력이 뛰어난 참가자였는데도 오직 6명만이 단번에 정답을 맞혔다. 13명은 한 번 오답을 제시한 뒤에, 9명은 두 번 이상 오답을 제시한 뒤에 정답을 맞혔다. 남은 1명은 아예 정답을 제시하지 못했다. 어째서 이런 일이 벌어진 것일까? 웨이슨의 보고에 따르면, 정답을 맞히는 데에 어려움을 겪은 참가자들은 자신의 가설이 정확한지 '검증'할 수 있는 숫자 배열 대신 자신의 가설을 '확증'할 수 있는 숫자 배열을 제시하려는 경향이 있었다.

실험자가 '2, 4, 6'이라는 숫자 배열을 보여주자 많은 참가자들은 일단 '8, 10, 12'와 같은 숫자 배열을 작성했고 실험자로부터 '규칙을 따른다'는 확인을 받았다. 하지만 일부 참가자들은 그 뒤로도 계속 2씩 증가하는 짝수 배열을 제시했다. '2씩 간격을 두고 증가하는 세 개의 숫자'라는 규칙을 직관적으로 떠올렸음에도 예측이 틀리지 않았는지 검증하는 대신 14, 16, 18과 같은 계속해서 예측을 확증하는 사례만 제시한 것이다. 이러한 참가자들은 가설을 반증할 수 있는 사례를 시험해보지도 않고, 자신이 최종적으로 제시한 정답이 틀렸다는 사실을 듣고는 충격을 받았다. 13명의 참가자들은 한 번 충격을 받고 나서야 자신의 가설을 검증하기 시작했고 마침내 "어떤 식으로든 오름차순으로 증가하는 세 개의 숫자"라는 정답을 찾아낼 수 있었다.

– 리 매킨타이어·정준희(해제) 저, 김재경 옮김, 『포스트트루스』, 두리반, 2019.

절취선

절
취
선

7. 최근 이슈가 되고 있는 시사 문제를 주제로 하여 신문 사설 형식의 글을 써 보자.

절취선

3. 자연과학과 글쓰기

문명의 발달과 더불어 인간은 자연을 지배할 수 있는 실마리를 마련했다. 인간은 자연 내 사물의 구조, 성질, 운동 등 그동안 신의 영역으로 여겨왔던 자연의 현상들을 하나하나 풀기 시작했다. 과학적 방법과 이성적 사고는 인간이 자연의 우위를 점하는 결정적 계기가 된다. 물론 철학과 과학이 구별되어 있지 않던 고대 그리스 시대에도 자연에 대한 탐구는 진행되어 왔다. 많은 철학자는 형이상학적 이론에 기초하여 자연의 현상들에 대해 이해하려 했다. 그러나 르네상스 시대를 거치면서부터는 보다 체계적이고 실험적인 자연과학의 연구 방법론이 추가되었다. 17세기의 자연과학은 오늘날의 자연과학의 형태와 같은 근대 과학의 형태로, 실험적 측정과 수치화가 강조된 형태로 그 틀을 갖추게 된다.

자연과학이 자연의 여러 현상을 분석하고 관찰하는 것은 당연하다. 자연과학은 입증 가능한 실험과 분석, 그리고 다양한 가설의 제시와 결론 도출을 통해 그 객관성을 확보한다. 이런 맥락에서 자연과학적 글쓰기의 기본은 사실적인 정보를 얼마나 정확하게 기술하느냐에 달려 있다. 사실적인 정보란 정확한 자료의 활용과 실험을 통한 분석에서 얻어진다. 이와 더불어 자연과학의 개념 설명을 위한 구체적인 단어 사용과 논리 또한 강조될 필요가 있다.

그러나 오늘날 무엇보다 자연과학에서 강조되고 있는 것은 도출된 결론에 대한 사회적 활용도에 있다. 자연과학의 지식이 단순히 기초학문으로서의 가치만을 지니는 것이 아니라, 이를 다양한 학문과의 교류를 통해 활용해 나가야 한다. 이런 사회적 분위기는 '르네상스 엔지니어'의 개념이나 '통섭', '융합'이라는 단어로 설명되고 있다. 이러한 과정을 통해 자연과학은 인간에게 더욱 유익한 학문으로 자리 잡을 수 있으며, 나아가 시대의 지식으로 그 가치를 인정받을 수 있다.

자연과학의 한계를 극복하고 더욱 설득력 있는 글을 쓰기 위해서는 학제 간의 상보적인 관계를 적극적으로 유지할 필요가 있다. 자연과학의 영역 속에서도 사회와 인간, 국가 혹은 공동체에 대한 이해는 요구되기 때문이다. 가령, '자연은 인간에게 무엇인가?', '예술은 자연을 어떻게 활용하는가?', '인간은 생명을 어떻게 다루어야 하는가?' 등등 다양한 질문 속에서 자연과학의 객관적 사고와 더불어 여타 학문의 주관적인 사고가 개입되어 있다. 보통 자연과학적인 사고는 분석적이고 객관적인 것이 일반이다. 그러나 반대로 그 점이 자연과학이 갖는 한계로 지적되기도 한다.

이를 종합적으로 고려하면, 자연과학적 글쓰기를 할 때 우리는 무조건인 실험의 결과나 과정에 얽매이기보다는 여타 학문과의 영향력을 서로 고려하면서 글을 서술하는 것이 중요하다. 이러한 자연과학적 글쓰기의 특징은 통상 두 가지의 차원에서 정리될 수 있다. 하나는 자연과학적 대상에 관해 논문을 쓰거나 혹은 실험 보고서를 쓰는 경우이고, 다른 하나는 자연과학적인 맥락이나 문맥을 활용한 글을 쓰는 것이다. 전자의 경우는 전문적으로 자연과학을 공부하거나 종사하는 사람들의 경우이겠지만, 후자의 경우는 누구라도 도전해 볼 수 있는 경우라 할 수 있다.

다음에 제시되고 있는 두 인용문은 각각 문학적 글쓰기와 자연과학적 특징을 잘 드러내고 있다. 각각의 글을 통해 알 수 있는 사실적 정보는 무엇이며, 자연과학적 글쓰기의 주된 특징과 무엇이 다른지 이야기해 보도록 하자.

(가)

어제까지 열려 있던 문이 닫혔다
바람에 소리를 내던 옥수수밭이 사라져버렸다
옥수수가 사라지면서
흔들림도, 허공도 함께 베어졌다
허공은 달빛을 안을 수 있는 팔을 잃었다
소리내어 울 수 있는 입술을 잃었다

갑옷과 투구 부딪치는 소리,
석탄을 지닌 산줄기가 먼저 폐허가 되듯이
열매는 실한 순서대로 베어져갔다
밑둥의 피는 아직 마르지 않았다
밭은 더 어두워질 것이고
성근 열매들은 여분의 삶을 익혀갈 것이다

피 흘리는 허공,
희고 붉고 검은 옥수수알,
수확한 옥수수를 자루에 넣는 손,
푸른 자루를 실은 트럭이 산모퉁이를 돌아간다

– 나희덕, 「옥수수밭이 있던 자리」, 『야생사고』, 창작과비평사, 2009, 61쪽.

(나)

돌연변이가 일어난 옥수수들은 각 그루마다 전에 없던 반점이 생기고 줄무늬가 늘어났다. 하얀색 이파리에 연노랑이나 푸른 빛깔의 얼룩이 생기기도 하고, 노랑이나 연푸른 빛의 이파리에 초록색 얼룩이 생기기도 했는데, 식물이 자람에 따라 점점 더 얼룩이 많아졌다. 게다가 이미 형성된 얼룩도 점점 더 커지는 것이었다. 다른 생물체의 경우에는 유전자에 모종의 변화가 일어난 결과 이런 식의 무늬가 생기는 현상에 대한 보고사례가 제법 많이 있었다. 그 현상은 대개 '돌연변이 유전자(mutable genes)', '잡색(variegation) 현상', '모자이크(mosaicism) 현상' 등의 이름으로 불리고 있었다. 하지만 옥수수는 이런 경우가 거의 없었다. 그런데 이번에 수확한 옥수수들은 온통 '돌연변이 유전자' 투성이인 것 같았다.

– 이블린 폭스 켈러, 김재희 역, 『생명의 느낌』, 양문, 2001, 208쪽.

자연과학적 글쓰기는 객관적으로 사실적 정보를 제공해 주는 특징이 있다. 따라서 언어는 하나의 정보전달 수단으로만 이용된다. 대상에 대한 아름다움에 주목하기보다는 언어를 하나의 도구로 삼아 그 대상을 명쾌하게 전달하는 데 주력한다. 그러나 굳이 자연과학의 지식이 없더라도 우리는 자연대상에 대한 다양한 글을 쓸 수도 있다.

(가)의 글은 과학적 정보 전달의 목적보다는 글쓴이의 심리적 상태를 기술하고 있는 시 작품이다. 이 시에서 시인은 옥수수의 이미지를 통해 인간 세상의 삶의 한 부분을 구현해 낸다. 시인에게 옥수수밭은 단순한 밭의 기능을 넘어 '허공을 존재하게 하는' 혹은 '달빛을 안을 수 있는 팔'로 인식한다. 옥수수는 시인의 시적인식을 잘 대변해 주는 하나의 소재로만 사용된다. 따라서 이런 글을 읽는 독자들은 합리적인 분석보다는 시의 이미지나 시적표현에 주목하게 된다. 그에 반해 (나)의 글은 옥수수의 돌연변이에 대한 현상을 보다 객관적으로 서술하는 방식을 취한다. 옥수수에서 일어나고 있는 '돌연변이 유전자'를 설명하기 위해 있는 그대로를 기술하고 있다. 이를 다시 종전의 '돌연변이 유전자(mutable genes)', '잡색(variegation) 현상', '모자이크(mosaicism) 현상' 같은 단어로 규정해줌으로써 글의 정확성과 엄밀성을 높이고 있다.

자연과학이 어떤 사실(fact)에 근거하여 하나의 정보전달을 목적으로 한다면, 우리는 최대한 그 정보의 의미와 목적이 변질하지 않는 선에서 유연한 방법으로 글쓰기에 접근할 필요가 있다. 인간은 살면서 수많은 사회적·자연적 현상과 마주하게 되는데, 이때마다 한 가지의 글쓰기 방법을 고집할 수 없기 때문이다. 이런 맥락에서 1996년 에드워드 윌슨이 주창한 '통섭'의 개념은 자연과학적 글쓰기를 하는 우리에게 많은 것을 생각하게 한다. 19세기 자연철학자 윌리엄 휴얼의 'consilience'를 부활시킨 이 개념은 "서로 다른 현상들로부터 도출되는 귀납들이 서로 일치하거나 정연한 일관성을 보이는 상태"를 뜻한다. 학문의 분화 때문에 학문의 원래 목적인 진리 추구에서 벗어나게 된 현상을 다시 통합하려는 움직임이기도 하다.

자연과학적 글쓰기가 통상 두 가지의 형태로 기술된다는 점을 고려한다면, 학제 간의 융합적 사고라 할 수 있는 '통섭'은 우리가 다시금 상기할 필요가 있다. 주지하지만 자연과학적 글쓰기는 단순히 하나의 대상에 대한 한 가지 정보만을 서술하는 것이 아니다. 반대로 맹목적으로 문학적인 표현의 글을 쓰자는 것도 아니다. 오늘날 자연과학적 글쓰기는 전달하고자 하는 대상을 보다 다양한 관점에서 생각해보고 다양한 방법으로 서술해야 함을 강조하고 있다.

다음 글을 통해 수직적 사고와 수평적 사고의 특징을 비교해 보고 자연과학적 글쓰기에서 이러한 사고방식들이 어떻게 활용될 수 있는지 살펴보기로 하자.

사고를 하는 목적은 정확하기 위한 것이 아니라 효율적이기 위한 것이다. 효율적이라는 것은 결국 정확한 것을 포함하지만 그 둘 사이에는 매우 중요한 차이가 있다. 정확하다는 것은 항상 정확하다는 것이고 효율적이라는 것은 마지막에 정확하다는 것이다.

수직적 사고는 항상 정확해야 한다. 모든 단계에서 판단하여 정확하지 않으면 한 단계도 나아갈 수 없다. 수직적 사고는 불필요한 것을 제외시키면서 선택한다. 판단은 제외시키는 방법이고 no나 not 등을 사용하는 부정은 제외시키는 도구이다.

수평적 사고는 마지막에는 반드시 정확해야 하지만 그 과정에서 잘못되는 것과 확실한 재구성을 유발하기 위해 고의적으로 확실하지 않은 정보의 배열을 사용하는 것을 허용한다. 또한 정보의 적당한 위치를 찾기 위해 적당하지 않은 위치로 이동하기도 한다.

수평적 사고는 정보의 배열 그 자체보다는 정보의 배열을 유도하는 정보에 관심을 갖는다. 따라서 각 배열을 판단하고 확실한 배열만을 받아들이는 대신 판단을 연기한다. 그것은 판단을 하지 않는다는 것이 아니라 단지 연기하는 것이다. 또한 수평적 사고의 과정은 증명하는 것이 아니라 변화시킨다. 따라서 특정한 패턴이 확실한지보다는 그 패턴이 새로운 패턴을 만들어내는 데 유용한지를 따진다.

(…중략…)

통찰력의 재구성을 유도하기 위해 정보의 배열을 도발적으로 사용할 필요는 스스로를 극대화하는 기억 시스템인 의식의 작용에 의해 부각된다. 실제로 그 필요는 판단을 연기하는 것으로 충족될 수 있다. 사고의 생성 단계에서 판단을 연기하면 선택 단계에서 적용할 수 있다. 이러한 시스템의 특징은 어떤 단계에서 잘못된 아이디어도 나중에 옳은 아이디어가 될 수 있다는 것이다. 리드 포레스트는 전기적 자극이 가스버너의 작용을 변화시켰다는 잘못된 생각을 계속 진전시켜 열이온관을 발명해냈다. 마르코니는 땅의 굴곡을 따라 전파가 움직인다는 잘못된 생각을 계속 진전시켜서 대서양을 가로질러 전파를 보내는 데 성공했다.

–에드워드 드 보노, 이은정 옮김, 『톡톡 튀는 아이디어가 샘솟는 드 보노의 수평적 사고』, 한언, 2005, 112~114쪽.

플라톤은 '궁극적인 진리는 겉에 보이는 것 뒤에 숨어 있다'고 주장한다. 이러한 주장은 자연 현상의 이면에 있는 본질이 무엇인지를 다시금 되새기게 해준다. 또한, 자연과학을 사고하고 자연과학적 글쓰기를 하는 이들에게 꽤 유용한 잠언이라 할 수 있다. 시시각각 변화하는 오늘날의 현실에서 눈에 보이는 정보만을 그대로 서술하는 것은 사실 위험하다. 다시 강조하지만, 사실 법칙이란 늘 변화 가능성을 내재하고 있기 때문이다. 따라서 우리는 현재의 상태만을 고집하는 것이 아니라 어떤 가능성까지도 예측할 수 있는 수평적 사고를 지녀야 한다. 예를 들어, 우리가 어떤 건물을 감상한다고 생각해보자. 한 사람은 앞쪽에 서 있고 또 한 사람은 뒤쪽에 서 있다고 치자. 그리고 또 다른 두 사람은 그 건물의 양편에 서 있다. 이 네 사람에게 그 집의 모양은 똑같을까. 현재 자신이 보고 있는 건물의 모양이 서로 옳다고 주장한다면 어떻겠는가.

수평적 사고는 네 사람이 건물의 네 면을 번갈아 가며 관찰하는 방법이다. 여러 사람이 어느 한순간 같은 관점에서 함께 본다는 의미이기도 하다. 또한, 모든 사람이 동일한 방향을 함께 바라보는 것을 뜻한다. 수평적 사고는 서로 대립하는 견해를 일단 수용하면서 두 의견을 통합할 수 있는 새로운 생각을 창출해 내는 것이다. 자연 현상의 문제를 창의적인 관점에서 해결하는 것은 지식의 재발견과 재구성이라는 측면에서 다시금 생각해 볼 필요가 있다. 이는 앞에서 이야기한 통섭의 의미와도 맥을 같이한다.

다음 인용문을 수평적 사고의 관점에서 읽고, 자신이 기존에 알고 있던 고양이의 특징과 어떻게 다른지 말해 보자.

고양이는 무엇일까? 애들도 다 안다. 그러나 가장 친숙한 동물 중 하나인 고양이는 이루 말할 수 없이 불가사의한 놈이다. 녀석은 무엇을 노리고 있을까? 무엇을 원할까? 고양이는 전혀 아무것도 안 하면서 하루 24시간의 85퍼센트를 보낸다. 먹기, 마시기, 죽이기, 배설하기, 짝짓기에 쓰는 시간은 평생의 4퍼센트에 불과하다. 나머지 10퍼센트는 돌아다니는 데 쓴다. 그 외의 모든 시간에 고양이는 자거나 그

냥 앉아 있다. 녀석은 약 3500년 전 고대 이집트인에 의해 마지막으로 길들여진 동물이라고 한다. 그러나 고양이가 자기 나름의 이유로 자기 나름의 시점에 우리를 길들였다고 해야 옳다.

오늘날 미국에서 고양이를 키우는 사람 중에서 의도적으로 집 밖으로 나가 고양이를 구해온 사람은 25퍼센트에 불과하다. 75퍼센트는 고양이가 제 발로 찾아온 경우이다. 고양이를 키운다고 주장하는 사람의 수가 존재하는 고양이의 수보다 훨씬 많다는 연구 결과도 있다. 여러분의 고양이가 잠시 사라질 때가 있을 것이다. 그럴 때 녀석은 사냥하러 돌아다니는 것이 아니라 옆집에 차려진 먹이를 먹는 중이거나 창틀에 앉아 여러 '주인' 중 한 명과 함께 자는 중이다.

고양이는 하루에 생쥐 다섯 마리 분량의 먹이를 먹어야 한다. 그런데 고양이에게 무제한으로 먹이를 주면 한 번에 겨우 생쥐 한 마리 분량만 먹는다. 여러분의 고양이가 하루에 다섯 끼를 먹는가? 당연히 그렇지 않다. 녀석은 다른 집에서도 먹는다.

고양이는 인기가 좋은데, 자기의 본모습을 면밀히 감추는 습성을 지녔다는 점도 인기 비결 중 하나이다. 하지만 항상 감추지는 못한다. 녀석은 대략 전체 시간의 절반 동안만 본모습을 감춘다. 고양이는 자기 영역의 경계 곳곳에 악취를 풍기는 더미를 쌓아두어 '들어오지 마시오' 표지로 이용한다. 점잖게 표현한다면 '꺼져!' 표지라고 할 수 있겠다.

우유와 고양이 먹이와 중앙난방은 모두 고양이에게 해롭다. 우유는 설사를 일으키고, 고양이 먹이는 잇몸을 부패하게 만든다. 중앙난방은 일 년 내내 털갈이를 하게 만드는데, 그러면 제 털을 핥다가 삼켜 소화관이 막히게 된다.

미국에 사는 고양이 약 7,500만 마리는 매년 새 10억 마리와 설치류 50억 마리를 죽인다. 17세기까지만 해도 사람들은 교황의 허수아비 속에 산 고양이를 집어넣고 태우는 놀이를 즐겼다. 그때 울려 퍼지는 음향 효과는 개신교도의 마음에 들었지만 고양이의 마음에는 들지 않았다. 고양이는 청각이 극도로 예민해서 심지어 박쥐의 초음파까지 들을 수 있다.

고양이를 키우는 사람이라면 다 아는 다음의 사실이 연구에 의해 증명되었다. 고양이는 지구에 사는 모든 생물 가운데 인간 다음으로 성격의 다양성이 크다. 또 영리하다. 아주 영리하다. 특히 괴롭힘을 당하면 아주 영리해진다. 주인이 수백 킬로미터 떨어진 곳에 버린 고양이가 집을 찾아왔다는 이야기가 수도 없이 많다. 고양이가 지도를 볼 줄 아는 것일까? 그럴지도 모른다. 최근의 실험에서 드러났듯이, 녀석이 시간을 아는 것은 확실하다.

고대 이집트인은 고양이를 신으로 숭배했다. 의도적이든 아니든 고양이를 죽이는 것은 중대 범죄였다. 고양이가 죽으면 주인은 으레 눈썹을 면도했다. 누가 생각해낸 풍습일까? 당연히 고양이다. 고양이는 눈썹이 없다.

– 존 로이드·존 미친슨, 전대호 옮김, 『동물 상식을 뒤집는 책』, 해나무, 2011.

윗글은 '고양이'라는 짐승을 어떻게 새롭게 바라봐야 하는지를 잘 보여주는 예이다. 글쓴이는 고양이에 대한 실험적 분석과 통계를 자신의 주관적인 생각을 덧붙이면서 서술하고 있다. 만약, 고양이에 대한 단순한 정보만을 서술해 놓았다면 이 글을 읽는 독자의 태도는 어땠을까. 아마도 독자의 호기심은 급격히 떨어질 것이다.

야생의 고양이가 길들여져 가축화되었으며, 야생 고양이는 산림 속에서 산다. 1년에 2~3회 번식하며 한배에 4~6마리의 새끼를 낳는다. 쥐, 작은 조류, 개구리 등을 잡아먹는다. 머리가 둥글고 얼굴은 짧고 넓으며, 눈이 둥글고 커서 양안시(양쪽 눈의 망막에 맺힌 대상물을 각각이 아닌 하나로 보게 하고, 입체적으로 보게 하는 눈의 기능)의 능력이 뛰어나다. 귓바퀴는 작은 삼각형 모양으로 끝에 긴 털이 있으며 몸에는 다양한 무늬가 있다. 몸길이는 보통 30~60cm이며 몸무게는 2~3kg부터 7.5~8.5kg에 이르기까지 다양하다. 꼬리는 종류에 따라 길이가 다르며 보통은 22~38cm 정도이다. 발가락은 앞다리에 5개, 뒷다리에 4개가 있으며 발톱을 살 속에 감출 수 있다.

가령, 위의 글은 고양이에 대한 '백과사전'의 설명이다. 단순하게 고양이의 사실적인 정보와 그 특징만을 제시해 주고 있음을 알 수 있다. 정보의 정확성과 객관성의 확보 면에서 본다면 이 글은 이 글 나름대로 그 장점이 인정된다. 하지만 호기심이 가득한 독자의 시선을 유지하기에는 한계가 있다.

『동물 상식을 뒤집는 책』에서 글쓴이는 고양이의 사실적인 정보뿐 아니라 자신의 주관적인 입장을 덧붙여 서술하고 있다. 이 글에서 주관적인 정보는 글의 객관성을 훼손한다기보다는 오히려 글을 읽는 재미를 배가시킨다. 그러면서도 고양이가 지닌 주요 특징을 빠짐없이 전달하고 있다. 거기에 숫자나 통계, 적절한 예시의 활용은 고양이에 대한 독자의 이해를 돕는 데 요긴하게 활용된다.

연습 문제

8. 다음 제시문은 최재천의 '이기적 유전자'에 대한 예문이다. 이기적 유전자의 개념이 무엇인지 말해 보고, 이와 비슷한 사례를 찾아 정리해 보자.

(가)

방방곡곡 많은 신하를 풀어 불로초를 찾게 했던 진시황제도 결국 한 줌 흙으로 돌아갔다. 그의 몸을 구성하고 있던 10조 개의 세포 속에 들어 있던 DNA들도 사라지고 말았다. 그러나 그의 정자 속에 담겨 자식들의 몸으로 전달된 DNA의 일부는 아마 지금까지도 누군가의 몸속에 살아 숨 쉬고 있을 것이다. 이처럼 유전자의 관점에서 바라본 생명은 영속가능성을 지닌다. 태초에는 보잘것없는 한낱 화학 물질에 지나지 않았던 DNA는 단세포 생물을 거쳐 오늘날에는 인간을 비롯한 모든 생명체의 몸속에 살아남아 면면히 그 역사를 이어가고 있다. 생명의 역사는 한 마디로 DNA의 일대기 내지는 성공담에 지나지 않는다.

(…중략…)

우리 속담에 "호랑이는 죽어서 가죽을 남기고 사람은 죽어서 이름을 남긴다."라는 말이 있다. 유전자의 눈높이에서 바라보는 생명은 사뭇 허무해 보인다. 하지만 그 약간의 허무함을 극복하면 무한한 겸허함을 느낄 수 있다. 내가 내 생명의 주인이 아니라는 걸 받아들이면 내 생명은 물론 생명이 있는 이 세상 모든 것들이 다 골고루 소중하다는 지극히 단순한 사실에 머리가 숙여진다.

– 최재천, 『통섭의 식탁』, 명진출판, 2011, 162~163쪽.

절
취
선

9. 다음은 '이타적 유전자'에 대한 예문이다. 이기적 유전자와 어떤 차이가 있는지 설명해 보고, 그 차이를 글로 정리해 보자.

일벌이 침을 쏘는 행위는 꿀 도둑에 대한 아주 효과적인 방어수단이다. 그러나 침을 쏘는 벌은 육탄특공대이다. 쏘는 행위로 생명 유지를 위해 필요한 내장이 보통 침과 함께 빠져버리기 때문에 그 벌은 얼마 지나지 않아 죽게 된다. 벌의 자살적 행위가 집단의 생존에 필요한 먹이 저장을 수호했을지는 몰라도 일벌 자신은 그 이익을 누리지 못한다. 정의에 따르면 이것은 이타적 행동이다.

우리는 여기서 의식적인 동기에 관계하는 그 무엇도 말하고 있지 않다는 것을 기억해야 한다. 이 경우에도 또 다른 이기주의의 경우에도 의식적인 동기는 있을 수도 있고, 없을 수도 있다. 그러나 그 동기는 우리의 정의와는 무관한 것이다.

– 리처드 도킨스, 홍영남 옮김, 『이기적 유전자』, 을유문화사, 2001.

절취선

10. 일본에서는 한때 '왜 서점에 가면 화장실에 가고 싶어지나?'라는 화두가 전국적으로 유행한 적이 있다고 한다. '서점에 가면 변의를 느끼는 것'을 아오키 마리코 현상이라고 부르는데, 이것은 1985년 4월 발행된 '책의 잡지'(本の雑誌)에 실린 어느 독자의 엽서에서 유래되었다고 한다. 그 엽서의 내용은 "서점에 가면 왠지 변의를 느낍니다. 이유가 뭔가요?"(아오키 마리코·회사원)였다고 한다. 이 문제를 두고 여러 전문가와 매체들이 머리를 맞대고 공방을 벌인 끝에 1. 책을 인쇄할 때 사용하는 잉크에 포함된 화학물질이 인간의 뇌에 영향을 줬으리라는 설 2. 대량의 책에 둘러싸여 '지금 나에게 필요한 책은 무엇인가? 이렇게 많은데 과연 찾을 수 있을까?'라는 초조함 때문이라는 설 3. 과거에 한 번이라도 서점에서 화장실에 간 적이 있으면 서점에 들어선 순간 조건반사적으로 가고 싶어진다는 설이 제시됐다고 한다. 위에서 제시된 설을 바탕으로 '아오키 마리코 현상'에 대한 내용을 과학기사 형식의 글로 정리해 보자.

절취선

4. 예술과 글쓰기

'인생은 짧고 예술은 길다'는 말이 있다. 이 식상한 표현이 아직도 우리의 입을 통해 회자되는 것은, 아직도 예술에 대한 열망이 우리의 삶에 생생하게 살아 있기 때문이다. 예술 속에는 인간의 삶과 한 시대의 형식이 고스란히 녹아 담겨 있다.

예술은 인간이 세계와 정서적으로 소통하고자 하는 일종의 창조 활동이다. 예술은 우리의 감정과 정서에 호소하면서 일상적 경험과는 다른 특별한 감정을 선사한다. 자연과학에서의 법칙과는 달리 누구나 자신의 감정과 느낌을 바탕으로 예술을 이해하고 감상할 수 있다. 그만큼 예술은 해석의 다양성을 허용한다. 따라서 예술은 완전한 하나의 개념으로만 표현되지 않는다. 들뢰즈가 언급한 대로, 예술은 감각들의 언어다.

따라서 예술적 글쓰기 또한 현실을 단순히 사실적으로만 재현하는 것이 아니라 자신의 개성과 감정, 그리고 감각을 통해 대상을 늘 새롭게 변형시키고 바라보기를 주저하지 않는다. 구체적으로 말해, 철학이 이성적인 시각에서 주로 삶의 본질을 드러내 주는 것이라면, 예술은 한 개인이 당면한 실존적 과제를 자신의 감정을 통해 이해하려는 성찰이다. 그래서 예술가는 순간마다 '나'와 '타인'에 대해 끊임없는 질문과 성찰을 시도한다. 일반적으로 '나'는 자기 성취와 관련되어 있지만, '타인'은 너로 대변되는 언어의 문제, 사회와 문화, 세계와 '나'와의 관계에 대한 것들이 주를 이룬다. 이런 의미에서 예술적 글쓰기는 개인의 삶에 대한 성찰을 아울러 우리의 생활, 문명, 문화까지도 포괄하는 일종의 공동체적 예술 행위의 구현이라고 할 수도 있다.

예술적 글쓰기를 위해서는 예술적 감성과 직관에 대한 이해가 필요하며, 예술 작품 자체가 그렇듯이 보편적 공감과 향유를 끌어내는 능력도 필요하다. 또한, 예술적 글쓰기는 개인의 개성과 살아온 환경, 그리고 글쓰기의 능력에 따라 수준의 차이를 드러내기도 한다. 그렇다고 실망할 일만은 아니다. 모든 글쓰기가 그러하듯 예술적 글쓰기 또한 우리의 삶을 성찰하는 도구 중 하나일 뿐이다. 반드시 수준 높은 글을 쓴다고 글을 쓰는 사람의 정신까지 고상하다고는 볼 수 없기 때문이다. 다만, 예술이 인간의 정신을 고양해주고 나아가 세상과 소통할 수 있게 해주는 가장 효과적인 수단 중 하나임을 깨닫고 글쓰기에 접근해 본다면 그것만으로도 그 가치는 충분한 것이라 할 수 있다.

아래 제시되고 있는 텍스트들은 예술적 글쓰기의 특징을 잘 설명해주고 있다. 이 글을 통해 알 수 있는 예술적 글쓰기의 주된 특징이 무엇인지 정리해 보기로 하자.

1.

아메리카 인디언들은 아주 원시적인 형태의 덫을 사용해 곰을 사냥했다고 한다. 커다란 돌덩이에 꿀을 바르고 나뭇가지에 밧줄로 메달아 놓으면 훌륭한 덫이 된다. 꿀을 바른 돌을 발견한 곰은 먹음직스러운 먹이로 생각하고 다가와 발길질을 하면서 돌덩이를 잡으려고 한다.

그러면 곰의 발길에 채인 돌덩이가 진자운동을 한다. 밀려갔던 돌덩이가 돌아올 때마다 곰을 때린다. 곰은 화가 나서 점점 더 세게 돌덩이를 때린다. 곰이 돌덩이를 세게 때리면 때릴수록 돌덩이는 더 큰 반동으로 곰을 후려친다. 마침내 곰은 나가 떨어진다.

곰은 이 기묘한 폭력의 악순환을 중단시킬 방법을 생각해낼 줄 모른다. 그저 욕구를 충족시키지 못해 더욱 안달할 뿐이다.

만일 곰이 돌덩이 때리기를 중단하면 돌덩이도 움직임을 멈출 것이고 돌덩이가 일단 멈추면 곰은 그것이 밧줄에 매달려 있을 뿐 움직이지 않는 물체라는 것을 깨닫게 될 것이다. 곰은 이빨로 밧줄을 잘라 돌덩이를 떨어뜨려 꿀을 핥기만 하면 된다.

2.

캐나다의 휴런족 인디언인 웬다트 부족 사람들은 사냥을 할 때 동물을 죽이기 직전에 왜 죽이려 하는지를 그 동물에게 설명한다. 동물을 잡아먹을 사람이 누구인지, 그 동물을 죽이지 않으면 자기 가족에게 어떤 일이 일어나는지를 큰소리로 이야기한 다음에 방아쇠를 당긴다. 사냥꾼이 동물의 살과 가죽이 없으면 안 되는 이유를 말하면, 그 동물이 너그럽게 자기 목숨을 내놓는 거라고 그들은 믿고 있다.

3.

아프리카에서는 갓난아이의 죽음보다 노인의 죽음을 더 슬퍼한다. 노인은 많은 경험을 쌓았기 때문에 부족의 나머지 사람들에게 도움을 줄 수 있지만, 갓난아이는 세상을 경험해보지 않아서 자기의 죽음조차 의식하지 못하기 때문이라고 한다.

– 베르나르 베르베르, 이세욱 역, 『상대적이며 절대적인 지식의 백과사전』, 열린책들, 1996.

인용문은 베르베르의 글이다. 이 글은 제시어에 대한 객관적인 지식이나 개념 정의를 넘어 통상적인 사람의 생각을 적고 있다. 사전적인 정의를 벗어나 독자들에게 능동성을 발휘할 수 있도록 흥미로운 이야기를 통해 글을 전개하고 있다. 이 글을 읽는 사람들은 자신의 문화와 환경에 따라서 저마다 다른 감정과 느낌을 받게 된다. 말하자면, 독자들은 자신의 능동성을 발휘하고 스스로 직관을 가동하면서 글을 읽게 된다. 이는 예술적인 글이라는 것이 시간과 공간에 따라 시시각각 변하고, 읽는 이의 관점에 따라 다르게 보일 수 있음을 의미한다. 또한, 글쓴이의 상상력을 사실에 따라 그 상상력을 글에 투영시킨다. 기본적으로 상상력은 대상을 다르게 보는 것에서부터 시작된다. 결국 자신만의 독특한 감성과 감각을 가지고 예술적 글쓰기에 도전하고 싶다면 맨 먼저 '다르게 보는' 훈련을 반복해야 한다.

정자는 현실의 중압이 빠져나간 자유의 공간이다. 정자는 삶과 격절된 자리도 아니고 삶의 한복판도 아니다. 정자는 처자식 출입 금지 구역이지만, 정자에서 놀 때 처자식을 버리는 것도 아니다. 서로 말을 알아듣는 남자들끼리 모여서 시를 지으며 좀 노는 곳이다. 정자의 위치는 들판보다 조금 높지만 아주 높지는 않다. 산꼭대기에 지은 정자도 있기는 하다. 이런 정자는 대개가 경관에 액센트를 주기 위한 것이고, 사람이 모여서 노는 문화공간은 아니다. 정자의 위치는 세상을 깔보지도 않고, 세상을 올려다보지도 않는다. 정자의 내부 구조와 원림(園林) 내의 공간배치는 세상으로부터 등을 돌리지도 않고, 세상을 정면으로 마주 대하지도 않는다. 정자와 세상과의 관계의 본질은 서늘함이다. 정자는 그 안에서 세상을 내다보는 자의 것인 동시에, 그 밖에서 정자를 바라보는 자의 것이다. 정자는 '본다'는 행위가 갖는 시선의 일방성을 넘어선다.

시선의 일방성에는 폭력이 숨어 있다. 이 폭력도 근대성의 일종이다. 소쇄원에는 공간의 중심이 없다. 소쇄원의 정자들은 좌향이 어긋나 있고, 면양정은 그 아래로 펼쳐진 담양 들판을 정면으로 내려다보지 않는다. 소쇄원에서는 보는 쪽이 보여지고, 보여지는 쪽이 본다. 낙원에서는 남의 기쁨이 되는 것이 나의 기쁨인 모양이다. 정자에서는 시간이 공간을 흔든다. 낙원은 고착된 공간이 아니다. 소쇄원의 개울물은 작은 인공으로 거대한 자연을 인간 쪽으로 끌어들인다. 이 인공의 장치는 자연을 모셔들이는 작은 징검다리와 같다. 이 징검다리의 표정은 수줍다. 정자 앞을 흐르는 개울물을 따라서 시간이 흘러서, 소쇄원의 공간은 흔들리면서 흘러간다.

– 김훈, 『자전거 여행』, 생각의나무, 2004, 41~43쪽.

예술적 글쓰기의 한 형태로서 기행문은 낯선 세상에 대한 경이감, 새로운 사물을 접하면서 얻게 되는 교훈, 여행지에 대한 정보 및 삶의 통찰을 담는다는 점에서 주목해 볼 가치가 있다. 기행문은 여행 중에 일어난 사건이나 견문, 그리고 느낀 소감이나 감회 등을 여정이나 시간적 순서에 따라 사실적으로 기록한 글이다. 더불어 대상에 대한 분석과 객창감, 철학적 통찰, 문학적 상상력이 복합적으로 개입한다는 점에서 예술적 글쓰기의 수준 높은 단계로 볼 수 있다.

김훈의 「자전거 여행」은 무등산 자락에서 글쓴이가 바라본 소쇄원, 식영정, 면앙정 등의 감회를 적은 글이다. 인간 삶의 진리로 승화시키고 그 심층적인 의미를 통찰해 내는 사색의 깊이가 돋보인다. 단순한 기행문이라기보다는 한 편의 에세이에 가까우며, 또한 글쓴이의 철학과 비평적 안목이 그대로 드러난다는 점에서는 전문적인 평론의 성격을 띤다.

예술적 글쓰기는 개인의 감정이나 소회를 자유롭게 펼칠 수 있다는 점에서 그 장점이 돋보인다. 기행문의 경우와 같은 글쓴이의 직접적인 견문이 없이도 인간의 삶에 대한 사색과 함께 세계와 사물에 담긴 심층적 의미를 드러낼 수 있다. 다음 인용문들을 통해 글쓴이가 어떤 감정과 성찰을 끌어내고 있는지 살펴보도록 하자.

빈센트 반 고흐, 「구두 한 켤레 A Pair of Shoes」(c.1886 Oil on canvas)

(가)

닳아 삐져나온 신발 도구의 안쪽 어두운 틈새로부터 노동을 하는 발걸음의 힘겨움이 굳어 있다. 신발 도구의 옹골찬 무게 속에는, 거친 바람이 부는 가운데 한결같은 모양으로 계속해서 뻗어 있는 밭고랑 사이를 통과해 나아가는 느릿느릿한 걸음걸이의 끈질김이 차곡차곡 채워져 있다. 가죽 표면에는 땅의 축축함과 풍족함이 어려 있다. 해가 저물어감에 따라 들길의 정적감이 신발 밑창 아래로 밟혀 들어간다. 대지의 침묵하는 부름, 무르익은 곡식을 대지가 조용히 선사함 그리고 겨울 들판의 황량한 휴경지에서의 대지의 설명할 수 없는 거절이 신발 도구 속에서 울리고 있다. 빵을 안전하게 확보하는 데에 대한 불평 없는 근심, 궁핍을 다시 넘어선 데에 대한 말없는 기쁨, 출산이 임박함에 따른 초조함 그리고 죽음의 위협 속에서의 전율이 이러한 신발 도구를 통해 스며들어 있다. 대지에 이러한 도구가 귀속해 있고 농촌 아낙네의 세계 안에 이 도구가 보호되어 있다.

– M. 하이데거, 오병남·민형원 공역, 『예술 작품의 근원』, 예전사, 1996.

(나)

쓰레기통 옆에 누군가 벗어놓은 신발이 있다
벗어놓은 게 아니라 버려진 신발이
가지런히 놓여 있다
한 짝쯤 뒤집힐 수도 있었을 텐데
좌우가 바뀌거나 이쪽저쪽 외면할 수도 있었을 텐데
참 얌전히도 줄을 맞추고 있다
가지런한 침묵이야말로 침묵의 깊이라고
가지런한 슬픔이야말로 슬픔의 극점이라고
신발은 말하지 않는다
그 역시 부르트도록 끌고온 길이 있었을 것이다
걷거나 발을 구르면서
혹은 빈 깡통이나 돌멩이를 일없이 걷어차면서
끈을 당겨 조인 결의가 있었을 것이다
낡고 해져 저렇게 버려지기 전에
스스로를 먼저 내팽개치고 싶은 날들도 있었을 것이다
이제 누군가 그를 완전히 벗어 던졌지만
신발은 가지런히 제 몸을 추슬러 버티고 있다
누가 알 것인가, 신발이 언제나
맨발을 꿈꾸었다는 것을
아 맨발, 이라는 말의 순결을 꿈꾸었다는 것을
그러나 신발은 맨발이 아니다
저 짓밟히고 버려진 신발의 슬픔은 여기서 발원한다
신발의 벌린 입에 고인 침묵도 이 때문이다

– 강연호, 「신발의 꿈」, 『현대시학』 2002년 6월호.

인용문 (가)는 반 고흐의 그림을 보고 쓴 하이데거의 글이다. 하이데거는 구두의 대상적 유용성에서 벗어나 자신만의 불확정성의 공간을 간파해낸다. 그 공간 속에서 “노동을 하는 발걸음의 힘겨움"과 "발고랑 사이를 통과해 나아가는 느릿느릿한 걸음걸이의 끈질김"을 창조한다. 독자는 구두를 분석한다는 느낌보다는 마치 한 편의 시를 읽는 듯한 느낌을 받을 것이다. 글쓴이의 상상력을 통해 하나의 세계가 개진되고 있음을 확인할 수 있다.

주지하지만, 예술적 글쓰기는 기본적으로 인간과 세계의 정서적 소통에서 발현한다. 그런 점에서 글쓴이는 구두라는 대상을 통해 개인적이지만 구체적이며 생생한 정보를 독자에게 제공하는 데 성공한 듯 보인다. 물론 그림에 대한 사실적인 입장에서 본다면 사소한 논란의 소지가 있을 수도 있다. 그러나 예술적 글쓰기가 기본적으로 불확정성의 특징을 내재하고 있다면, 이글이 주는 아우라는 오히려 그것에서 발생한다. 기존의 고정화된 시선이나 사고에서 벗어나고 있다는 점에 오히려 주목할 필요가 있다. 한 장의 그림 속에서 그 대상의 성격을 재규정하는 것은 어쩌면 궁극적으로 예술적 글쓰기가 추구하는 하나의 방법이 될 수 있기 때문이다.

인간과 세계의 정서적 소통에서 발현하는 예술적 글쓰기의 특성은, 역시 신발을 소재로 한 인용문 (나)를 통해서도 확인된다. 쓰레기통 옆에 버려졌으되 가지런함을 잊지 않고 있는 신발의 모습에서 시인은 삶에 대한 어떤 자세를 끌어낸다. 버려짐의 일반적인 표지는 아무렇게 내팽개쳐져서 나뒹구는 데 있다. 한 짝쯤 뒤집힐 수도 있었고, 좌우가 바뀌거나 이쪽저쪽 외면할 수도 있었고, 심지어 덜렁 한 짝만 외로이 뒹굴 수도 있었을 것이다. 더구나 쓰레기통 옆이 아닌가. 그런데 버려져서도 가지런함을 잊지 않고, 참 얌전하게도 신발 코끝까지 맞추어 나란히 놓여 있다는 것, 시인은 신발의 이 사무치는 가지런함을 통해, 침묵의 깊이와 슬픔의 극점에 관해 이야기한다.

다음 글을 읽고 '지는 자가 이기는 게임'의 의미에 대해 생각해 보기로 하자.

> 언어가 1차적으로 도구임에 틀림없다면, 그것을 사물로 관조한다는 것은 언어의 도구성이 훼손되었음을 뜻한다. 도구적 측면에서만 본다면 그것은 언어 본래의 목적인 의사소통이 실패한 것이다. 여기서 실패(echec)가 사르트르 미학의 중요한 개념으로 등장한다. "시적 언어는 산문의 폐허 위에서 솟아오른다."라는 문장의 뜻이 바로 그것이다. 그러나 시인은 자진해서 언어의 도구성을 거부한 사람이므로 그에게 있어서는 이러한 실패가 그대로 구원이 된다.

애당초 예술이라는 것 자체가 이와 같은 수단과 목적의 전도가 아닐까? 예술이 아닌 현실 생활 속에서 인간의 행동은 언제나 어떤 목적의 수단이다. 내가 책상 위에 있는 연필을 잡으려고 손을 뻗칠 때, 손을 앞으로 내뻗는 행동은 연필이라는 목적을 얻기 위한 수단이다. 도구성의 고찰에서 보았듯이 모든 수단은 투명하여 우리 눈에 안 띄고, 우리의 관심도 끌지 못한다. 중요한 것은 연필일 뿐 그것을 잡기 위해 손을 뻗치는 행동은 부차적이고, 덜 중요하고, 비본질적인 가치일 뿐이다. 결국 인간은 자신의 목표에 의해 소외되어 있다.

(…중략…)

도구에서 도구성이 벗겨지면 거기에는 사물이 남는다. 유용성이 우리 행동의 성공을 보장해 주는 것이라면 무용지물은 우리 행동의 실패를 뜻한다. 본래의 기능을 상실한 말은 이제 더욱 분명하게 그것의 실재성과 개별성을 되찾고, 이번에는 인간의 실패의 도구가 된다. 의사소통의 수단이 되었던 말의 의미는 그 자체가 순순한 소통불능성이 된다. 말을 도구로 사용하려는 계획은 말에 대한 순수직관으로 대치되고, 오히려 실패에 절대적인 가치를 부여하는 현상이 생긴다. 사르트르 미학의 또 하나의 주요 개념인 '지는 자가 이기는 게임(Qui perd gagne)'의 의미가 그것이다. "시는 '지는 자가 이기는' 게임이다. 진정한 시인은 승리하기 위해 자기 몸을 죽일 정도로 패배한다."

– 박정자, 『빈센트의 구두』, 기파랑, 2005, 100~101쪽.

이 글은 예술적 글쓰기의 영역에서 언어를 어떻게 다루어야 하는지를 잘 보여준다. 사물의 도구성을 거부한다는 것은 기존의 약속과 규범을 깨트리는 행위이다. 언어의 본래 목적이 의사소통에 있다면 예술적 글쓰기는 그것을 벗어남으로 성립되는 고유한 영역이다. 따라서 예술적 글쓰기는 실재나 현실의 개념을 새롭게 이해함으로써 독자에게 그 언어 속에 숨겨진 의미를 드러낸다. 사르트르가 플로베르의 글을 논하면서 이야기한 "지는 자가 이기는 게임"은 어쩌면 예술적 글쓰기의 가장 중요한 특질을 잘 말해주는 대목이라 할 수 있다. 물론, 현대 사회에서 정보의 교류와 소통은 매우 중요한 덕목일 것이다. 언어의 규범을 무너트림으로써 발생하게 되는 문제 또한 무시할 수 없다. 그러나 예술적인 글쓰기가 정보 이상의 의미를 전달하고, 인생의 공감 폭과 감각을 새롭게 일깨우고 있다면 우리는 다시금 예술적 글쓰기의 효용 가치에 대해 제고해 볼 필요가 있을 것이다.

> 그러므로 생활 감각을 다시 갖기 위하여, 대상들을 느끼기 위하여, 돌이 정말로 돌이라는 것을 느끼기 위하여 우리가 예술이라 부르는 것이 존재하는 것이다. 예술의 목적은 대상의 감각을 인식으로서가 아니라 시각으로서 부여하는 것이다. 예술의 기법이란 대상들의 낯설게 하기 기법이며, 그 형식을 모호하게 하는 기법이고 지각의 어려움과 지속을 증가시키는 기법이다. 예술에 있어서 지각의 행위는 그 자체가 목적인 것이며, 오래 끌어야 한다. 예술이란 대상의 생성을 느끼는 하나의 방법이며, 이미 생성된 것은 예술에 있어서 중요하지 않는 것이다.
>
> – 츠베탕 토도로프 엮음, 김치수 옮김, 『러시아 형식주의』, 이화여자대학교출판부, 1997, 87쪽.

위의 인용문은 슈클로프스키가 쓴 「기법으로서의 예술」의 한 대목이다. 이 글에서도 마찬가지로 예술의 기법은 "대상들에 낯설게 하기"에서 비롯된다고 말한다. 이는 앞에서 언급했듯 언어의 낯섦을 통해 정보 전달의 어떤 한순간을 지연시킴으로써 발생하게 된다. 예술적 글쓰기에서 요구하는 것은 어느 정도의 참신함과 개성적인 표현이다. 그 목적에 들어맞는 글을 쓰려면 기존의 관습과 고정관념에 의식적으로라도 도전해 보는 것도 예술적 글쓰기를 하기 위한 하나의 방법이 될 것이다.

예술과 글쓰기는 문학적 상상력을 동원한다는 점에서 여타 다른 장르의 글쓰기와 구별될 수도 있다. 기존의 글쓰기가 정보 위주의 글쓰기라면 예술적 글쓰기는 일상적 글쓰기의 형식을 다소 벗어날 수도 있다. 그렇다고 예술적 글쓰기의 주요 특징들이 인문학이나 사회과학, 자연과학적 글쓰기에 쓰이지 않는다는 것은 아니다. 다만, 예술의 다양한 감정을 표현하기에 여타 글쓰기의 방법보다는 더 유용한 것은 사실이다.

연습 문제

11. 다음 제시문은 마술에 대한 색다른 견해를 보여준다. 예술적 글쓰기의 상상력을 최대한 활용하여 이 글의 뒷부분에 이어질 내용을 써 보자.

몽타주는 마술을 닮은 데가 있다. 멜리에스의 카메라가 잠시 작동을 멈추자 검은색 자동차가 흰색 우마차로 변하지 않았던가. 마술에서는 상자에 넣은 토끼가 비둘기가 되어 나온다. 이런 마술을 보며 아이들은 좋아한다. 왜 그럴까? 아마도 익숙했던 세계의 원리가 갑자기 파괴되었기 때문일 것이다. 우리가 체험하는 세계는 시간적 연속과 공간적 연장 위에 서 있다. 하지만 있었던 물건이 갑자기 없어지고, 여기에 있던 물건이 느닷없이 저기에 나타날 때, 우리는 이제 까지 익숙했던 것과는 완전히 다른 세계 속에 들어간 느낌을 받게 된다. 마술의 세계는 현실과 구별되는 또 다른 시간, 또 다른 공간의 세계다.

어른들은 마술이 속임수에 불과하다는 것을 안다. 어른들의 상식으로 마술에서 벌어지는 일은 실제론 있을 수 없는 일. 그리하여 어른들은 마술을 보면서 마술사가 어떤 트릭을 사용했을지 머릿속으로 여러 가설을 세우곤 한다. 멀쩡히 있던 물건이 사라지고, 여기에 있던 것이 저기에 나타나는 '단절'을 인관관계의 연속으로 이어 붙이려는 것이다. 마술을 시시한 장난으로 여기는 사람이 있을지 모르나, 그것도 스케일의 문제다. 가령 데이비드 카퍼필드(David Copperfield)처럼 거대한 자유의 여신상을 사라지게 만들면, 그 앞에서 어른들도 심함 당혹함을 느끼게 된다.

어떤 세계에서는 거대한 석상이 그 자리에서 소리 없이 사라져버린다. 그게 바로 현실과는 다른 마술의 시간, 마술의 공간이다. 어떻게 된 일일까? 회전 전망대처럼 관객들이 앉은 좌석 밑에 설치된 원판을 돌려버리고, 아울러 원판이 회전하는 각도에 맞추어 자유의 여신상에 서치라이트를 비추고 있던 헬리콥터의 위치도 옮긴 것이다. 원판과 헬리콥터가 정확히 같은 각도로 움직이니 관객들의 눈에 헬리콥터는 전혀 움직이지 않은 것처럼 보일 게다. 그리하여 다시 커튼을 들추었을 때, 관객들이 보는 것은 텅 빈 공간에 이리저리 서치라이트를 비추는 헬리콥터 뿐. 이제 이해가 되는가?

데이비드 카퍼필드는 '커튼'을 사용하여 트릭을 감추었지만, 굳이 커튼 없이도 정말로 눈앞에서 사람을 하나 사라지게 할 수 있다.

– 진중권, 「세상이 사라졌으면」, 『놀이와 예술 그리고 상상력』, 휴머니스트, 2005, 259~262쪽.

절취선

절
취
선

12. 다음 제시문의 경우처럼 자신이 좋아하는 그림을 하나 택해 그 느낌을 글로 나타내 보자.

추사 김정희, 〈세한도〉

〈세한도〉에는 꿋꿋이 역경을 견뎌내는 선비의 올곧고 견정(堅定)한 의지가 있다. 저 허름한 집을 찬찬히 뜯어보라! 메마른 붓으로 반듯하게 이끌어간 묵선(墨線)은 조금도 허둥댐이 없을 뿐만 아니라 오히려 너무나 차분하고 단정하다고 할 정도다. 초라함이 어디에 있는가? 자기 연민이 어디에 있는가? 보이지 않는 집주인 완당 김정희, 그 사람을 상징하는 허름한 집은 외양은 조촐할지언정 속내는 이처럼 도도하다. 남들이 보건 안 보건, 미워하건 배척하건 아랑곳하지 않고, 그는 이 집에서 스스로가 지켜 나아갈 길을 묵묵히 걷고 있던 것이다. 고금천지에 일찍이 유래가 없는 저 강철 같은 추사체(秋史體)의 산실(産室)이 바로 이곳이 아니었던가. (…중략…)

〈세한도〉란 결국 석 자 종이 위에 몇 번의 마른 붓질이 쓸고 지나간 흔적에 지나지 않는다. 그러나 거기에는 세상의 매운 인정과 그로 인한 쓸쓸함, 고독, 선비의 굳센 의지, 옛사람의 고마운 정, 그리고 끝으로 허망한 바람에 이르기까지 필설(筆舌)로 다하기 어려운 많은 것들이 담겨져 있다. 〈세한도〉를 문인화(文人畵)의 정수라고 하는 이유가 여기에 있다.

– 오주석, 「추운 시절의 그림, 김정희의 〈세한도〉」, 『옛 그림 읽기의 즐거움』, 솔출판사, 1999, 133~134쪽.

절
취
선

13. 흔히 우리는 예술에 대해 '쓸모없음을 써먹는 것'이라고 이야기한다. 그 의미가 무엇인지 자기 생각을 자유롭게 글로 써 보자.

만 레이, 〈선물〉

만 레이는 "오직 인간만이 쓸데없는 것을 창조하는 유일한 생물이라는 점이 놀랍다"고 말했다. 쓸모 있는 것의 가치를 깎아내리고자 하는 것은 아니다. 다만 모든 것이 시장 논리에 의해 결정되고 효율성을 최우선의 가치로 생각하는 현대사회에서 예술은 우리가 자본이 아닌 다른 소중한 가치에 몰두할 수 있는 용기를 준다. '쓸모없음'이 곧 가장 '가치 있다'는 역설적인 표현은 우리 삶에서 '가치 있는 것'이 무엇인가에 대해 다시 한 번 생각해볼 수 있게 할 것이다.

– 홍지혜, 「속보이는 미술이야기」(http://www.econovill.com)

절
취
선

절
취
선

14. 얼마 전 인공지능(AI) 로봇 예술가 '아이다(Ai-Da)'의 첫 개인전이 영국 세인트존스 칼리지의 반 갤러리에서 개막했다. 인공지능 로봇 아이다가 그린 그림을 예술작품으로 인정할 수 있는지에 대해 자기 생각을 글로 써 보자.

절취선

2장

쓰기의 기본기

1. 어휘 쓰기

글쓰기의 기본은 글에 필요한 어휘를 선택하여 조화롭게 엮는 것이다. 따라서 글을 잘 쓰려면 풍부한 어휘 지식을 갖추고 있어야 한다. 그런데 어휘에 대한 지식이 풍부하다는 것은 어떤 의미일까?

어휘에 대한 지식이 풍부해지기 위해서는 일단 많은 수의 어휘를 알고 있어야 한다. 그러나 알고 있는 어휘의 수가 많다고 해서 반드시 글을 잘 쓰는 것은 아니다. 글을 잘 쓰기 위해서는 글의 흐름에 적절한 단어를 선택할 수 있는 능력을 길러야 한다. 하나의 단어가 문맥에 따라 어떻게 의미를 확장할 수 있는지를 아는 것은 어휘 지식의 중요한 요소이다. 평범한 어휘라도 적절한 곳에 쓰일 때 독자에게 신선한 느낌을 줄 수 있는 것이다. 그런데 잘 쓴 글은 정확하게 쓴 글이기도 하다. 정확하게 글을 쓰려면 어휘의 의미를 정확히 아는 것에 더하여 어휘의 문법적 기능을 정확하게 알아야 한다. 그래야 글을 쓸 때 어휘를 적재적소에 부려 쓸 수 있는 것이다.

그렇다면 이러한 어휘 지식을 풍부하게 하기 위해서는 어떻게 해야 하는가? 특별한 방법은 없다. 많이 읽고 많이 쓰는 것이 필수적이지만, 이에 못지않게 중요한 것이 국어사전을 찾아보는 습관을 들이는 것이다. 아무리 천재라도 수많은 어휘를 완벽하게 아는 것은 불가능한 일이기 때문에 항상 국어사전을 가까이 하면서 어휘를 완벽하게 부려 쓸 수 있도록 해야 한다.

이백과 두보처럼 일기가성(一氣呵成: 문장을 단숨에 지어냄)의 솜씨로 지어낸 글을 흠모하는 사람이라면, 사전을 뒤지면서 어휘와 어법을 따지는 일을 답답하게 생각할 수도 있을 것이다. 그러나 이백과 두보를 따라 배우고자 하는 사람이라도 한 가지 잊지 말아야 할 것이 있다. 이백과 두보의 글은 자신의 뜻을 가장 적절한 단어로 가장 정확하게 표현한 글이었기에 독자들을 한순간에 휘어잡을 수 있었다는 사실이다. 글자 하나도 허투루 쓰지 않고, 단어 하나하나가 글 안에서 한 치의 어긋남도 없이 조화롭게 짜였기에, 시인의 마음이 독자의 마음으로 매끄럽게 이어졌던 것이다. 그렇다면 이백과 두보가 붓을 들자마자 그러한 글을 단숨에 지어냈다는 말이 사실일까? 진실을 아는 데는 퇴고(推敲)라는 단어에 얽힌 옛이야기가 도움이 될 것이다.

> 당(唐)나라의 시인 가도(賈島)가 나귀를 타고 가다 시 한 수가 떠올랐다. 그것은 "조숙지변수 승퇴월하문(鳥宿池邊樹僧推月下門: 새는 연못 가 나무에 자고 중은 달 아래 문을 민다)"라는 것이었는데, 달 아래 문을 민다보다는 두드린다〔敲〕고 하는 것이 어떨까 하고 골똘히 생각하다 그만 고위관리인 한유(韓愈)의 행차 길을 침범하였다. 한유 앞으로 끌려간 그가 사실대로 이야기하자 한유는 노여운 기색도 없이 한참 생각하더니 "역시 민다는 퇴(推)보다는 두드린다는 고(敲)가 좋겠군" 하며 가도와 행차를 나란히 하였다.

1) 어휘를 정확하게 사용하기

앞에서 어휘 지식을 늘리는 데는 국어사전을 찾아보는 습관을 들여야 한다는 점을 강조하였다. 여러분이 아는지 모르겠지만 국어사전에는 정말 많은 정보가 들어 있다. 사전에서 단어를 찾아보면 대개 발음, 단어의 활용, 품사, 문형, 뜻풀이, 예문 등의 순서로 단어의 정보가 기록되어 있다. 한 예를 보자.

> 알-맞다 〔알: 맏따〕 알맞아, 알맞으니 〈형〉「…에/에게, -기에, …으로」 일정한 기준, 조건, 정도 따위에 넘치거나 모자라지 아니한 데가 있다. ‖ 학생 신분에 알맞은 옷차림 / 키에 알맞게 의자 높이를 조절하다 / 빈칸에 알맞은 말을 넣으시오. 〈유〉걸맞다, 어울리다, 적절하다 〈반〉부적당하다.

글을 쓰는 사람은 이러한 정보를 활용하여 내가 이 단어를 정확히 썼는지 그렇지 않은지를 판단할 수 있다. 국어사전에 기술된 정보만으로도 '알맞는 말'이라고 쓰면 안 되고 '알맞은 말'이라고 써야 한다는 사실, 이 단어 앞에는 '-에, -에게, -기에, -으로'가 와야 한다는 사실 등을 알 수 있다. 이처럼 사전은 한 단어의 사용역을 자세히 보여줌으로써 단어를 정확하게 사용할 수 있는 지침을 제시한다.

- 이 자리를 빌어 감사의 말씀을 전합니다.
- 올해는 예년보다 늦게 김장을 담궜다.
- 그런 말은 삼가해 주셨으면 합니다.

위의 예에서 밑줄 친 부분은 잘못된 표현이다. 그런데 이처럼 오류가 발생한 이유를 따져 보면 대부분의 경우 단어의 기본형을 정확히 몰랐거나 그 단어의 의미를 정확히 몰랐기 때문에 잘못을 저질렀다.

첫 번째 문장의 오류는 '借, 貸'의 의미로는 '빌리다'가, '乞, 祝'의 의미로는 '빌다'가 쓰인다는 사실을 구분하지 못했기 때문에 발생한 것이다. 그렇다면 위의 문장은 "이 자리를 빌려 감사의 말씀을 전합니다."로 바꿔야 할 것이다.

두 번째 문장과 세 번째 문장의 오류는 단어의 기본형이 '담구다, 삼가하다'가 아니라 '담그다, 삼가다'인 사실을 몰랐기 때문에 발생한 것이다. 여기에서 우리가 짚고 넘어가야 할 사실은 이러한 오류들은 사전을 한 번만 찾아 확인했더라면 충분히 막을 수 있었다는 것이다.

그런데 한자어를 쓸 때는 국어사전의 도움이 더 절실하다. 한자어의 경우 그 의미를 정확히 몰라 실수를 하는 빈도가 훨씬 높기 때문이다.

> 염두 念頭〔염: 두〕〈명〉1. 생각의 맨 처음. ‖ 그를 소리쳐 불러 볼 염두가 나지 않았다.
> 2. 마음의 속. ‖ 염두 밖의 일 / 염두에 없다 / 염두에 두다. 〈유〉가슴속, 마음속, 심중, 의중

국어사전에 기술된 원어 정보 즉 한자를 통해 의미를 유추할 수도 있고, 뜻풀이를 통해 '염두'가 '생각의 위치'를 가리키는 것임을 알 수 있다. 이러한 정보를 통해 우리는 '그러한

사실을 염두해 두고'와 같은 표현이 왜 틀렸는지 알 수 있을 뿐만 아니라, "무슨 말을 해야 할지 염두가 열리지 않았다."와 같은 표현도 가능함을 이해할 수 있을 것이다. 한자어에 대한 이해가 부족함은 다음과 같은 표현이 많은 데에서도 알 수 있다.

- 돌이켜 회고해 보면 지난 일 년은 참으로 다사다난했습니다.
- 나는 치열한 경쟁을 뚫고 소위 이른바 일류 회사에 입사하였다.
- 이번에는 미국이 먼저 선제공격에 나섰다.

위의 예는 의미가 중복된 표현인데, 이는 한자어의 정확한 의미를 모르기 때문에 발생한 것이다. 국어사전을 찾아보면서 한자어의 의미뿐만 아니라 그 한자를 직접 확인하는 활동을 반복하다 보면 한자 실력과 어휘 실력을 동시에 향상시키는 효과를 얻을 것이다.

앞에서 글쓰기의 기본은 글에 필요한 어휘를 선택하여 조화롭게 엮는 것이라고 한 바 있다. 어휘 문제와 관련하여 볼 때, 이 말은 문장을 구성하는 어휘들 간에 어울리는 어휘와 어울리지 않는 어휘가 있어 어휘의 선택을 제한하는 현상을 설명하고 있다. 어휘의 의미를 정확하게 파악하는 것은 곧 어휘의 의미적 선택 관계를 아는 것과 연결된다. 이러한 의미적 선택 관계는 국어사전을 통해 알 수 있다.

> 별-로 別-〈부〉 (부정을 뜻하는 말과 함께 쓰여) 이렇다 하게 따로. 또는 그다지 다르게. ‖ 별로 기분이 내키지 않는다 / 할 말이 별로 없다 / 그의 병세는 예전에 비해 별로 나아진 것이 없었다.

위에서 "(부정을 뜻하는 말과 함께 쓰여)"란 설명은 '별로'라는 어휘의 선택 관계를 보여주는 것이다. 특히 위의 선택 관계는 문장에서 성분이 호응하는 것과도 연결되는 문제이기 때문에 더욱 중요하다. '전혀', '도무지', '결코' 등과 같은 어휘의 의미를 파악하는 데 있어서도 이러한 호응 관계를 알아야 한다. 이들은 부정적인 말과 함께 쓰인다는 점에서 공통적이다. 이러한 의미적 선택 관계는 수식어와 피수식어, 서술어와 목적어 등의 관계에서도 나타난다.

• 그의 발언은 정가에 뜨거운 파장을 불러일으켰다.

이 소설은 전쟁문학의 걸작으로 국외에서도 뜨거운 반향을 불러일으켰다.

위의 예에서 '파장'과 '반향'은 '어떤 일에 대한 반응'의 의미를 공유하고 있으며, '불러일으키다'라는 서술어와 호응한다는 점에서 유사하다. 그러나 앞의 수식어 '뜨거운'이 '반향'과 잘 어울리는 데 비해, '파장'은 '뜨거운'과 어울리지 않는다. 이는 '파장'이 '충격적인 일이 미치는 영향'이라는 부정적 의미를 지니고 있기 때문이다. 이런 점은 '좋은'이라는 수식어가 '반향'과는 어울리지만 '파장'과는 어울리지 않는 데에서도 확인할 수 있다.

그는 외국에서 이름을 떨쳤다.

경기가 나빠지면서 갈수록 적자가 늘어날 가능성이 높다.

위의 문장을 보면, '떨치다'와 '이름'이 의미적으로 잘 어울리고, '늘다'와 '적자' 그리고 '가능성'과 '높다'도 의미적으로 잘 어울린다. 그런데 이러한 의미적 호응 관계를 잘 파악하지 못할 경우, "그는 외국에서 유명세를 떨쳤다."나 "갈수록 적자가 더 나빠졌다." 혹은 "늘어날 가능성이 많다."와 같은 표현을 사용할 수도 있다.

2) 의미가 비슷한 어휘를 구별하여 사용하기

앞서 '알맞다'라는 어휘에 대한 국어사전의 풀이를 소개하였다. 그런데 이 풀이 내용 중 가장 마지막에 있는 정보가 관련어 정보이다. 관련어는 유의어와 반의어 등을 보여주는 것인데, 이중 유의어에 대한 정보는 더 유의해 볼 필요가 있다.

'알맞다'의 유의어로 제시된 어휘는 '걸맞다, 어울리다, 적절하다' 등이었는데, 해당 문맥에 더 적절한 어휘를 선택하기 위해서는 이들 유의어 간의 의미를 비교해 볼 필요가 있다. 가령 '알맞다'와 '걸맞다' 중 어느 하나를 선택하려는 이들은 두 어휘의 의미와 용법을 살펴보면서 두 어휘를 구별해 봐야 한다.

'알맞다'는 '일정한 기준, 조건, 정도 따위에 넘치거나 모자라지 아니한 데가 있다.'라는 뜻이고, '걸맞다'는 '두 편을 견주어 볼 때 서로 어울릴 만큼 비슷하다.'라는 뜻이다. 문맥에 따라서는 '걸맞다'와 '알맞다'를 함께 쓸 수 있는 경우도 있고, 둘 중 하나가 의미상 더 적합할 수도 있을 것이다.

위의 뜻풀이에 기댄다면 "나는 어느 면으로 보나 그녀에게 (걸맞은/알맞은) 신랑감이 못됐다."에서는 ( ) 안에 있는 어휘 중 어떤 것을 선택하는 게 좋을까?

국어사전을 가까이 하면서 이처럼 비슷하지만 다르게 쓰이는 어휘를 구별해 보면 어휘의 의미와 용법을 더 정확하게 파악할 수 있을 것이다. 더 나아가 이 어휘들의 차이를 설명하는 설명문을 간단하게 쓰다보면 글을 쓰는 훈련도 겸할 수 있을 것이다.

행여나 / 혹시나

혼돈 / 혼동

원용 / 인용

위의 어휘들을 순서대로 비교해 설명하면서 그 의미 차이를 살펴보면 다음과 같다.

첫 번째 어휘 쌍을 보자. 국어사전의 풀이를 보면, '행여나'는 '어쩌다가 혹시'의 뜻으로, '혹시나'는 '그럴 리는 없지만 만약에'와 '어쩌다가 우연히' 등의 뜻으로 풀이되어 있다. 이를 보면 두 단어가 유사한 의미를 가지고 있다고 할 수 있다. "치료에 행여 도움이 될까 하여 이 약을 보냅니다."와 "치료에 혹시 도움이 될까 하여 이 약을 보냅니다."가 같은 의미로 쓰이는 것은 이 때문이다.

그러나 "혹시나 무슨 사고라도 생겼는지 걱정이 되었다."를 "행여나 무슨 사고라도 생겼는지 걱정이 되었다."로 바꾸면 보기에 따라 어색하게 느낄 수도 있다. 이는 '행여나'의 행(幸)에는 '행복, 다행, 바라다' 등의 의미가 있기 때문이다. 그럼에도 '행여나'와 '혹시나'를 뒤섞어 쓰는 빈도가 높아지면서 "행여나 무슨 사고라도 생겼는지 걱정이 되었다."라는 문장도 수용되는 추세이다. 다만, 원뜻을 고려해 쓰는 걸 권한다는 뜻에서 '고려대한국어대사전'에서는 "'혹시나'와 '행여나'는 대체로 긍정적이거나 부정적인 데 동일하게 쓰이지만, '행여나'의 경우는 '바라건대'라는 화자나 주체의 바람이라는 뜻이 덧대어 있다."라는 설명을 덧붙이고 있다.

두 번째와 세 번째 어휘 쌍은 국어사전에 제시된 뜻풀이만으로도 어휘의 용법을 구별해 볼 수 있을 것이다. 혼돈은 '마구 뒤섞여 있어 갈피를 잡을 수 없음. 또는 그런 상태'를 뜻하고, 혼동은 '사람이 무언가에 대해 잘못 판단하여 헷갈려 하는 상태'를 뜻한다. 예를 들어 보면, 혼돈은 "외래문화의 무분별한 수입은 가치관의 혼돈을 초래하였다."와 같이 쓰이고, 혼동은 "잠이 다 깨지 않았는지 그는 현실과 꿈 사이에서 혼동을 일으켰다."와 같이 쓰인다.

원용은 자기의 주장이나 학설을 세우기 위하여 문헌이나 관례 따위를 끌어다 쓰는 것을 뜻하고, 인용은 남의 말이나 글을 자신의 말이나 글 속에 끌어 쓰는 것을 뜻한다. 즉 인용은 남의 말이나 글을 직접적으로 옮겨 쓴다는 점에서 원용과 구분된다. 예를 들어 보면, 인용은 "자기소개서의 서두에 루소의 말을 인용했다."와 같이 쓰이고, 원용은 "그는 블랑쇼의 사물의 구원이라는 개념을 원용해 시인들의 특성에 대해 이야기했다."와 같이 쓰인다.

이처럼 어휘의 의미를 구분해서 사용하는 활동은 자연스럽게 어휘 실력을 높여 줄 것이다. 그런데 자신이 평소에 사용하는 단어를 의도적으로 바꿔보는 활동을 해보는 것도 어휘 실력을 기우는 데 큰 도움이 된다.

> 내가 그 사람에게는 녹록하게 보였나 보다.
>
> 약속해 놓고 이제 와서 딴죽을 치면 어떻게 하니?
>
> 그대들의 독서의 범위가 너무도 협애하고 독서력이 몹시 빈약한 것만은 교실에서 매일같이 실지로 경험하는 바이다.
>
> 대통령 문에 들면 언제든 장관에 발탁될 상황에서 한나라당 국회의원들이 잔혹한 '공권력'을 어떻게 두남두며 언구럭 부릴까도 미루어 짐작할 수 있다.

위의 예문에서 사용한 어휘들은 우리가 일상적으로 사용하는 어휘는 아니다. 이를 좀 더 일상적인 어휘로 바꾼다면, '녹록하다'는 '만만하다'로, '딴죽을 치다'는 '다른 말을 하다'로, '협애하다'는 '좁다'로, '두남두다'는 '두둔하다'로, '언구럭 부리다'는 '엄살 부리다'로 바꿀 수 있다. 그러나 이러한 어휘를 적절하게 사용한다면 특별한 표현 효과를 얻을 수 있기 때문에, 글을 잘 쓰기 위해서는 비슷한 의미를 지닌 여러 어휘를 익혀 두어야 한다.

연습 문제

1. 다음 두 단어의 의미를 비교하고, 이 단어를 이용하여 문장을 만들어보자.

① '조성하다'와 '조장하다'

② '곤욕스럽다'와 '곤혹스럽다'

③ '구별하다'와 '구분하다'

④ '교환하다'와 '교체하다'

⑤ '소중하다'와 '중요하다'

2. 밑줄 친 어휘의 쓰임과 관련하여 다음 문장의 문제점을 지적하고 바른 문장으로 바꿔 써보자.

① 그는 일체 술을 마시지 않는다.

절취선

② 경제 위기에 닥친 우리나라는 그때부터 소비 구조가 달라졌다.

③ 그는 항상 서류함의 자물쇠를 잠궈 놓았다.

④ 문가에서 인기척 소리가 났다.

⑤ 늦어도 다음 달 말까지는 예방 접종을 맞도록 당부했다.

3. 다음 글에서 생소한 단어를 찾아 의미를 파악해 보고, 이를 자신이 알고 있는 단어로 바꿔 보면서 표현의 차이점에 대해 이야기해 보자.

그 틀사진은 주민등록증에 붙어 있던 흑백 증명사진을 **부라사랴** 확대하여 마련한지라 전체적으로 우중충한 기분을 줄 뿐 아니라 윤곽마저 희미하게 **어룽거려** 마치 급조된 몽타주 속의 인물을 연상시켰다. **조붓한** 공간 속에 갇혀 **경성드뭇한** 대머리를 인 채 **움펑** 꺼져 **대꾼한** 눈자위로 방안을 내려다보고 있는 아버지는 무엇에 놀랐는지 잔뜩 겁에 질린 표정이었다. 어깨까지 한껏 **곱송그리고** 있어 방금 열병을 앓고 난 이 같았다. (김소진, "쥐잡기", 경향신문)

절취선

2. 문장 쓰기

문장은 일정한 원칙에 따라 구성되기 때문에 글쓰기를 할 때는 구성 법칙에 맞게 문장을 쓰는 훈련을 해야 한다. 좋은 글이라고 평가 받는 글들은 모두 문법에 맞는 바른 문장으로 이루어졌다는 사실을 주목할 필요가 있다.

바른 문장을 쓰려면 우선 주어, 목적어, 보어, 서술어와 같은 필수성분을 갖추어 순서에 맞게 그리고 상호 호응 관계에 맞게 문장을 구성하는 훈련을 해야 한다. 그리고 부사어나 관형어와 같은 수식어를 그에 적절한 서술어, 주어, 목적어 등에 잘 연결해야 한다. 일반적으로 단순문을 쓸 때는 필수성분을 갖추지 않거나 성분 간 호응 관계를 지키지 않는 일이 거의 일어나지 않는다. 그러나 복합문을 쓸 때는 이런 일들이 자주 발생하여 소통이 잘 이루어지지 않는 경우가 생길 수 있다.

아래에서는 필수성분이 갖추지 않아 비문이 발생한 예, 성분 간 호응이 잘 이루어지지 않은 예 등을 중심으로 바른 문장을 쓰는 방법을 설명할 것이다.

1) 필수성분을 갖춰 문장 쓰기

실제 글을 쓰거나 읽을 때는 문장의 필수성분이 빠졌는지 알지 못하는 경우가 많다. 이는 자신도 모르는 사이에 앞뒤 맥락을 통해 빠진 성분을 유추했기 때문이다. 그러나 필요한 성분이 빠져서 무엇을 이야기하는지 모호해지는 경우도 있기 때문에 글을 쓸 때는 항상 문장 성분을 제대로 갖추었는지 점검할 필요가 있다.

- 절약은 물자를 아껴 쓰는 것이지 필요함에도 불구하고 쓰지 않는 것이 아니다.
- 문학은 다양한 삶의 모습을 보여주는 예술로 문학을 즐길 예술적 본능을 지니고 있다.
- 환경 평가가 끝나지 않아, 공사가 언제부터 시작되고 언제 개통될지는 불투명하다.

위의 문장들은 주어가 빠져 의미 전달이 쉽게 되지 않는다. 첫 번째 문장은 '필요하다'의 주어가 누락되어 있다. 이 문장은 "절약은 물자를 아껴 쓰는 것이지 물자가 필요함에도 불구하고 쓰지 않는 것이 아니다."와 같이 바꿔야 한다.

두 번째 문장은 '예술적 본능을 지니다'의 주어가 누락되어 있다. 이 문장은 "문학은 다양한 삶의 모습을 보여주는 예술로 인간은 문학을 즐길 예술적 본능을 지니고 있다."로 바꿔야 한다.

세 번째 문장은 '개통되다'의 주어가 누락되어 있다. 이 문장은 상황에 맞는 적절한 주어를 넣어 "환경 평가가 끝나지 않아, 공사가 언제부터 시작되고 터널이 언제 개통될지는 불투명하다."로 바꿔야 한다.

- 국산품과 수입품의 가격이 비슷하고 질적으로 차이가 없다면 가급적 애용하도록 하자.
- 학생들이 방황하기 쉬운 때일수록 학교는 도덕 교육을 강화해야 하며, 교육을 통해 바른 길로 인도해야 한다.

위의 문장에는 목적어가 빠져 있다. 글쓴이가 목적어를 빠뜨리는 경우는 대부분 목적어로 쓰일 대상이 문장 내에서 다른 성분으로 쓰일 때이다.

첫 번째 문장은 '애용하다'의 목적어가 누락되어 있는데, 문맥상 '애용하다'의 목적어는 앞에 언급된 '국산품'과 '수입품' 중 하나가 되어야 할 것이다. 따라서 이 문장은 "국산품과 수입품의 가격이 비슷하고 질적으로 차이가 없다면 가급적 국산품을 애용하도록 하자."와 같이 바꿔야 한다.

두 번째 문장은 '인도하다'의 목적어가 누락되어 있는데, 문맥상 '인도하다'의 목적어는 앞에 언급된 '학생들'이 되어야 할 것이다. 따라서 이 문장은 "학생들이 방황하기 쉬운 때일수록 학교는 도덕 교육을 강화해야 하며, 교육을 통해 학생들을 바른 길로 인도해야 한다."와 같이 바꿔야 한다.

- 가진 사람들은 사회 약자들을 보살피는 노력이 필요하다.

위의 문장은 언뜻 보면 문제가 없다. 그러나 수식어를 빼고 문장의 골격만 보면 문제가 드러난다. 즉 수식어 '사회 약자들을 보살피는'을 빼면 "가진 사람들은 노력이 필요하다"와 같은 어색한 문장이 남는다. 왜 어색한 문장이 되었을까? 주어 '가진 사람들'과 호응하는 서술어가 분명치 않기 때문이다.

서술어가 사용된다면, 이 문장은 "가진 사람들은 노력할 필요가 있다."나 "가진 사람들은 노력해야 한다."와 같이 바뀔 것이다. 따라서 위에 제시한 문장은 "가진 사람들은 사회 약자들을 보살피기 위해 노력할 필요가 있다."나 "가진 사람들은 사회 약자들을 보살피기 위해 노력해야 한다."와 같이 바꾸는 게 좋다.

- 신문을 보다 우연히 도청에서 8급 지방 공무원 채용 공고를 보게 되었고 이에 응시하여 합격하였다.

위의 예문은 여러 가지 문제가 복합적으로 발생한 문장이다. 첫째 전체 문장의 주어 '나'가 누락되었다. 그리고 내포문의 주어가 되어야 할 '도청에서'가 장소를 나타내는 부사어처럼 쓰였다. 또한 '도청에서'가 내포문의 주어라면 이 내포문의 서술어가 누락되었다. 따라서 이 문장은 "나는 신문을 보다 우연히 도청에서 8급 공무원을 채용한다는 공고를 보게 되었고, 이에 응시하여 합격하였다."와 같이 바꿔야 한다.

2) 문장 성분이 잘 호응할 수 있도록 쓰기

문장에서 주어와 서술어, 목적어와 서술어, 수식어와 피수식어가 잘 호응하지 않으면 자연스럽지 않거나 비문법적인 문장이 된다. 의미적인 호응은 어휘 부분에서 설명하였으므로 이곳에서는 문법적인 측면에서 설명을 할 것이다.

- 지금은 비록 대학교 1학년생이고 아는 것도 부족합니다.

어휘 부분에서 '별로, 결코, 전혀, 도무지' 등이 부정적인 말과 함께 쓰인다는 설명을 한 적이 있다. 이처럼 하나의 어휘가 특정 의미를 지닌 말을 요구하는 것은 문장 성분 간의 호응 관계로도 설명할 수 있다. 위의 문장에 쓰인 '비록'은 '-ㄹ지라도', '-지마는' 등과 같은 어미가 붙는 용언과 함께 쓰인다는 제약이 있다. 그렇다면 위의 문장을 바르게 하기 위해서는 "지금은 비록 대학교 1학년생이고 아는 것도 부족하지만…."과 같이 바꾸거나 '비록'을 삭제해야 할 것이다.

그런데 위와 같은 경우는 특별한 기능을 하는 어휘의 의미를 정확히 안다면 피할 수 있는 오류이다. 실제 글쓰기에서는 주어와 서술어, 목적어와 서술어 등이 제대로 호응하지 않아 문제가 발생한다.

- 내 꿈은 소설가가 되어 박경리의 토지와 같은 불멸의 작품을 남기려 한다.
- 국민 여러분의 건강과 쾌적한 여행 환경을 조성하기 위하여 최선의 노력을 다하겠습니다.
- 건강한 몸을 유지하기 위해선 적당한 운동과 식습관을 개선해야 한다.

첫 번째 문장은 주어 '내 꿈'과 서술어 '남기려 한다'가 호응하지 않아 문제가 발생한 경우이다. 만약 주어가 '나'였다면 아무 문제가 없었을 것이다. 그러나 주어가 '내 꿈'이기 때문에 서술부도 이에 호응할 수 있는 '… 하는 것이다.'가 되어야 한다. 따라서 이 문장은 "내 꿈은 소설가가 되어 박경리의 토지와 같은 불멸의 작품을 남기는 것이다."와 같이 바꿔야 한다.

두 번째와 세 번째 문장을 보면 한 문장 안에 성격이 다른 목적어가 두 개 나왔지만 서술어는 하나뿐이다. 이처럼 서술어가 목적어와 완전하게 호응하지 못할 때에는 목적어에 맞는 서술어를 각각 써야 한다.

두 번째 문장에서 서술어 '조성하다'는 목적어 '국민 여러분의 건강'과 호응할 수 없기 때문에, '국민 여러분의 건강'에 호응할 수 있는 서술어 '지키다'를 추가해야 한다. 따라서

이 문장은 "국민 여러분의 건강을 지키고 쾌적한 여행 환경을 조성하기 위하여 최선의 노력을 다하겠습니다."와 같이 바꿔야 한다.

세 번째 문장에서 서술어 '개선하다'는 목적어 '적당한 운동'과 호응할 수 없기 때문에, '적당한 운동'에 호응할 수 있는 서술어 '하다'를 추가해야 한다. 따라서 이 문장은 "건강한 몸을 유지하기 위해선 적당한 운동을 하고, 식습관을 개선해야 한다."와 같이 바꿔야 한다.

3) 문장 쓰기에서 유의해야 할 사항들

위에서는 필수성분을 갖춰 문장을 쓰는 것과 문장 성분 간 호응에 유의하여 문장을 쓰는 것에 대해 설명하였다. 이외에도 문장 쓰기에서 유의해야 할 사항은 많다. 다음 예들을 보면서 문장 쓰기에서 유의해야 할 점이 무엇인지 생각해 보자.

- 전 해상에 바람이 강하게 불고 높은 파도가 예상되니 항해하는 선박은 주의하십시오.

대등 접속어가 쓰이면 접속어 앞뒤의 표현이 대등하게 연결될 수 있어야 한다. 그러나 문장을 쓸 때 이러한 점을 고려하지 못해 어색한 문장을 쓰는 경우가 많다. 위의 문장에서 '바람이 강하게 불다'는 '높은 파도가 예상되다'와 대응하는 것이 아니라 '높은 파도'와 대응되는 표현이다. '예상되다'라는 서술어는 '강한 바람'과 '높은 파도'이기 때문이다. 따라서 이 '바람이 강하게 불다'와 '높은 파도'의 형식을 맞출 필요가 있다. 이에 따라 문장을 바꾸면 다음 두 가지 형식으로 바꿀 수 있을 것이다.

"전 해상에 강한 바람과 높은 파도가 예상되니 항해하는 선박은 주의하십시오."
"전 해상에 바람이 강하게 불고 파도가 높이 일 것으로 예상되니 항해하는 선박은 주의하십시오."

이처럼 접속어로 연결된 성분들의 쓰임을 점검할 때에는 무엇보다도 접속어의 성격에 따라 각 성분의 형식과 내용을 점검해야 한다. 특히 '-과, 및, -고, -이나' 등 대등한 접속을 의미하는 접속어를 쓸 때는 이렇게 연결된 성분들이 하나의 서술어를 공유할 수 있는 것인지 아닌지도 점검해야 한다.

- 요즘 우리도 어려움이 많다. 일손을 구하지 못해 콤바인을 빌려 쓰고 있으며 콤바인 사용료도 많이 올랐다.
- 목요일부터 연휴이기 때문에 서류 제출은 5일까지 마감한다.

위의 예문은 조사와 어미를 잘못 쓴 예이다. 첫 번째 문장은 "일손을 구하지 못해 콤바인을 빌려 쓰고 있는데 콤바인 사용료도 많이 올랐다."와 같이 바꿔야 한다. '콤바인 사용료가많이 올랐다'는 사실은 '콤바인을 빌려 쓴다'는 상황에서 의미가 있기 때문이다.

두 번째 문장은 "목요일부터 연휴이기 때문에 서류 제출은 5일에 마감한다."나 "목요일부터 연휴이기 때문에 서류 제출은 5일까지이다."와 같이 써야 한다. 조사 '-까지'는 앞말이 주어진 범위의 끝임을 나타내는 말이다. 따라서 '마감하다'라는 서술어와 호응하기 어렵기 때문이다.

내가 좋아하는 김 선생님의 수업은 언제나 즐겁다.
약속 시간이 지났는데, 온다고 한 사람들이 다 오지 않았다.

위의 문장들은 중의적인 문장 즉 의미가 두 가지 이상으로 해석될 수 있는 문장이다. 첫 번째 문장은 '내가 좋아하는'이 '김 선생님'을 수식할 수도 있고, '김 선생님의 수업'을 수식할 수도 있는 구조이다. "내가 좋아하는 김 선생님께서 하시는 수업은 언제나 즐겁다."로 쓴다면 단일한 의미로 해석될 수 있을 것이다.

두 번째 문장은 '-지 않다'가 '다'를 부정할 수도 있고, '오다'를 부정할 수도 있는 구조이다. "온다고 한 사람들이 아무도 오지 않았다."로 쓴다면 단일한 의미로 해석될 수 있을 것이다.

그런데 문장이 혼란스러워지는 가장 큰 이유는 한 문장 안에 정리되지 않은 생각을 무작정 쓸어 담기 때문이다. 아래 제시한 예는 정리되지 않는 생각을 한 문장에 담아 놓음으로

써 불명료하게 된 문장이다.

> 고등학교에 입학하면서 미술부에 들어갔는데, 미술에 대한 애정이 생기기 시작해서 미술을 선택했고, 그것에 대해 아무 후회도 없고 너무너무 미술을 사랑한다.

위의 문장을 보면 글쓴이는 하나의 문장 안에 여러 생각들을 두서없이 드러내고 있다. 글쓴이가 조금 더 생각을 정리한 후 글을 썼다면 이러한 문장을 쓰지는 않았을 것이다. 글쓴이의 생각을 짧은 문장으로 정리해 보면 다음과 같이 5문장으로 정리할 수 있을 것이다. '나는 고등학교에 입학한 후 미술부에 들어갔다.', '미술부 활동을 하면서 미술에 대한 애정이 생겼다.', '이 때문에 대학 진학 시 미술을 전공으로 선택했다.', '나는 그 선택을 후회하지 않는다.', '나는 지금 미술을 사랑한다.' 글쓴이의 생각이 이런 것이라면 이를 조합하여 다음과 같이 논리적인 문장을 쓸 수 있을 것이다.

"나는 고등학교에 입학한 후 미술부에 들어갔는데, 미술부 활동을 하면서 미술에 대한 애정이 생겼다. 그래서 대학 진학 시 미술을 전공으로 선택했다. 나는 그 선택을 조금도 후회하지 않으며, 여전히 미술을 사랑하고 있다."

문장이 복합문이면서 길이가 길어지면 실수를 범할 가능성이 높아지는 것은 사실이다. 그러나 모든 문장을 단순문으로 짧게 쓰는 게 항상 좋은 것은 아니다. 단순문으로 문장을 쓰면 문장의 흐름이 끊겨 부자연스러워질 수 있다. 중요한 것은 짧고 긴 것이 아니라 논리적으로 명료하게 쓰는 것이다.

연습 문제

4. 다음 문장의 문제점을 지적하고 올바른 문장으로 바꿔 보자.

① 사용 중에 궁금한 점이나 기능이 제대로 발휘되지 않을 때 많은 도움이 될 것입니다.

② 상류층 사람들은 지나친 소비와 낭비로 상대적인 빈곤감을 더욱더 느끼게 한다.

③ 내가 신을 믿게 된 것은 인간이 불완전한 존재라는 사실을 인식하고 생활해 왔다.

④ 책의 내용을 간략하게 소개해 보자면, '작은 티베트'라고 불리는 라다크는 서부 히말라야 고원의 황량하지만 아름다운 고장입니다.

⑤ 인터뷰를 하는 동안 나는 내심 표현은 안 했지만 고개를 갸우뚱거렸다.

절취선

5. 다음 글의 문제점을 지적해 보고 이 글을 간명하게 고쳐 보자.

가산점 제도는 수많은 여성들의 공직 진출에의 희망에 걸림돌이 되고 있으며, 공무원 채용 시험의 경쟁률이 매우 치열하고 합격선도 평균 80점을 훨씬 상회하고 있으며, 그 결과 불과 영점 몇 점 차이로 당락이 좌우되고 있는 현실에서 각 과목별 득점에 각 과목별 만점의 5퍼센트 또는 3퍼센트를 가산함으로써 합격 여부에 결정적 영향을 미쳐 가산점을 받지 못하는 사람들을 6급 이하의 공무원 채용에 있어서 실질적으로 거의 배제하는 것과 마찬가지의 결과를 초래하고 있고, 제대 군인에 대한 이러한 혜택을 몇 번이고 아무런 제한 없이 부여함으로써 한 사람의 제대 군인을 위하여 몇 사람의 비(非) 제대 군인의 기회가 박탈당할 수 있게 하는 등 차별 취급을 통하여 달성하려는 입법 목적의 비중에 비하여 차별로 인한 불평등의 효과가 극심하므로 가산점 제도는 차별 취급의 비례성을 상실하고 있다.

- '헌법 재판소 판결문'(1999.12.23) 중에서

절취선

3. 단락 쓰기

1) 단락의 원리

우리는 지금껏 '애국가'를 수도 없이 불러 왔다. 그런데 그 가사가 의미하는 바에 대해 생각해 본 사람은 많지 않다. 아래에 제시된 가사를 단락의 원리에 기초하여 분석해 보기로 하자.

(가) [1]동해 물과 백두산이 마르고 닳도록 하느님이 보우하사 우리나라 만세. [2]남산 위의 저 소나무 철갑을 두른 듯 바람 서리 불변함은 우리 기상일세. [3]가을 하늘 공활한데 높고 구름 없이 밝은 달은 우리 가슴 일편단심일세. [4]이 기상과 이 맘으로 충성을 다하여 괴로우나 즐거우나 나라 사랑하세.

먼저, 4절 첫 부분의 '이'와 '-과'에 주목해 보자. '이 기상과 이 맘'이라고 할 때, 어떠한 기상인지, 어떠한 맘인지를 알기 위해서는 우선 3절을 주의 깊게 살펴보아야 한다. 다행히 3절에 '맘[心]'이 나타나 있다. 그러면 어떤 마음인가. 그것은 다름 아닌 변치 않는 마음이다. 3절에 기상에 대한 언급이 없으므로 우리는 2절을 다시 살펴보아야 한다. 2절을 보니 드디어 '기상'이라는 단어가 보인다. 이 또한 변치 않는 기상이다. 이로써 '애국가'는 결국 2절과 3절이 병렬 관계에 있음을 알게 된다. 여기서 우리는 그냥 지나쳐 버릴 수 있는 '이'와 '-과'를 통해서 '애국가' 가사가 어떻게 구성되어 있는지 그 일면을 엿볼 수 있었다. 조금만 생각이 이어진다면 '애국가'는 내용상 두 단락으로 구성되어 있음을 알게 된다. 단락을 '1절', '2·3·4절', 두 부분으로 나눌 수 있는데 그 또한 4절에 있는 병렬 장치 '-과'가 큰 역할을 한 것이다. 내용상의 첫 단락은 '우리나라의 무궁함' 둘째 단락은 '그것을 위한 우리의 할 일'이라고 볼 수 있겠다. 이렇게 볼 때 애국가는 자연스러운 흐름을 갖추었다고 말할 수 있다.

여기서 단락의 원리 통일성, 긴밀성, 완결성을 이끌어낼 수 있다. 내용상 '우리나라의 무궁함', '그것을 위한 우리의 할 일' 두 부분으로 나뉜다는 것이 바로 통일성의 관점이다. 통일성은 화제가 달라지면 단락이 새로이 구성되어야 함을 말하는 것이다. 앞에서 애국가는 자연스러운 흐름을 보여준다고 하였다. 그 자연스러운 흐름이 바로 긴밀성인 것이다. 긴밀성을 추구하는 요소로는 여러 가지가 있는데 특히 4절의 '이'와 '-과'에 대해 주목해 볼 수 있다. 또한 애국가는 완결성도 갖추었다고 볼 수 있다. 전체적으로 주제문인 첫 문장이 그 이하의 문장들에서 제대로 뒷받침되고 있기 때문이다.

다만 3절 자체는 긴밀성에 문제가 있다. 작사가는 '가을'에 떠올릴 수 있는 소재로 두 가지 즉, '하늘'과 '달'을 떠올렸다. 그러나 이 '하늘'과 '달'이 긴밀하게 연결되지 못하고 있다. 그것은 바로 '높고 구름 없이'가 꾸며 주는 말이 제시되지 않은 채 갑자기 '밝은 달'로 이어졌기 때문이다.

단락의 원리 세 가지는 전체 글에서도 적용되어야 한다. 전체의 주장이 다른 길로 빠져서는 안 된다. 이것이 통일성과 관계된다. 단락 간의 연결이 자연스럽지 못하고, 특정 단락이 그 순서에 문제가 있다면 그것은 바로 긴밀성의 관점으로 접근해야 한다. 주장이 있다면 그것을 뒷받침하는 근거가 확보되어야 그 글이 비로소 가치를 지니게 된다. 이것이 바로 완결성의 관점이다.

아래에서 통일성, 긴밀성, 완결성을 보다 구체적으로 검토해 보기로 하자.

(1) 통일성

통일성이란 한 단락의 화제는 반드시 하나이어야 한다는 원리이다. 한 단락으로 보이는 글이 화제가 둘이라면 그것은 통일성에 위배된다고 말한다. 그러한 경우 그 글은 두 단락으로 구분되어야 한다.

화제는 한 문장으로 명시되는 것이 일반적이지만 그렇지 않은 경우도 있다. 화제와 통일성을 제대로 이해하기 위해, 어렵지 않은 내용의 글을 아래에 제시하기로 한다. 제시된 글 (나)는 어려서부터 많이 접해 본 감상문이다.

(나) [1]세종대왕은 어려서부터 남달리 책읽기를 아주 좋아했다. [2]밤을 새어가면서 책을 읽는 날이 꽤 많았다고 한다. [3]그래서 나중에 여러 분야에 업적을 남기게 되었던 것 같다. [4]그 중에서도 한글을 만들게 된 것은 무척 고마운 일이다. [5]나도 지금부터라도 책을 열심히 읽어 세종대왕만큼 훌륭한 일을 하고 싶다.

[6]앞으로는 부모님께서 사 주신 책을 부지런히 읽고 (…중략…) 생각해 봐야겠다.

(다) [1]최근 의사들은 웃음이 인체에 미치는 효과를 연구하기 시작했다. [2]사람들이 코믹 영화를 시청하는 동안 의사들은 그들의 심장박동과 혈압, 호흡, 근육을 검사했다. [3]웃음은 운동과 비슷한 효과가 있는 것으로 밝혀졌다. [4]웃음은 혈압, 심장박동수, 호흡수를 증가시킨다. [5]또한 얼굴과 배와 심지어 발의 근육까지도 움직인다. [6]근력 향상을 위해서는 꾸준한 운동이 무엇보다 중요하다. [7]또 다른 실험을 통해 웃음이 인체의 통증을 감소시킬 수 있음이 밝혀졌다. [8]학생들에게 서로 다른 라디오 프로그램을 청취하게 하면서 통증을 유발시켰다. [9]가장 오랫동안 통증을 참아낸 그룹은 개그 프로그램을 청취한 피험자들이었다. [10]그 이유는 웃음이 뇌 속 엔도르핀 분비를 돕기 때문이다. [11]바로 이 엔도르핀이 스트레스와 통증을 줄여주는 기능을 한다.

먼저 제시문 (나)에서 통일성을 검토해 보자. 4번 문장까지는 세종대왕의 업적에 대한 서술이며 5번 문장부터는 각오에 대한 서술이다. 5번, 6번 문장이 같은 화제임에도 단락이 나누어져 있으니 그것이 문제이다. 이런 경우 4번 문장까지를 한 단락으로 하고, 5번, 6번 문장을 묶어 다른 단락으로 구성해야 한다.

제시문 (다)는 화제 '웃음이 인체에 미치는 효과'에 관해 설명하는 글이다. 그런데 10개의 문장 중 단 하나의 문장이 '웃음과 인체의 상관관계'에 어울리지 않는다. 그것이 바로 5번 문장이다. '운동이 인체에 미치는 영향'이라면 다른 단락에서 구체화되어야 하며 그런 의도가 아니라면 5번 문장은 삭제되어야 한다.

연습 문제

6. 다음에 제시된 각각의 글에 제목을 붙여보자(예: 방탄소년단의 위상, 한국 축구 최고의 공격수 등). 아울러 통일성 측면에서 문제점이 있다면 50자 내외로 그 이유를 써 보자.

① [1]언젠가 한번 글에서 '값싼 리액션'이라는 표현을 쓴 적이 있다. [2]'좋아해요!', 이 클릭 한 번에 목맬 필요는 없다고 말했었다. [3]내가 틀렸다. [4]그 작은 행동에 담겨 있는 의미를 발견한다면 그건 결코 값싸지 않다. [5]짧다고 해서 의미 없는 것이 아니다. [6]적어도 아무것도 하지 않은 것은 아니니까.

[7]가끔 엄마는 말 없는 아버지에게 말이 없다고 투정을 부린다. [8]그럴 때면 아버지는 "그걸 말해야 아나?" 그러신다. [9]엄마는 억울한 표정으로 말을 못 했다. [10]눈치 없는 나는 꼭 끼어들어 아버지에게 면박 아닌 면박을 주었다.

[11]"아버지, 말을 안 하는데 어떻게 알아요? 초능력자도 아닌데."

[12]아버지는 머쓱해하시만 익숙시 않아서인 길 인다. [13]하지만 한 번씩 터지는 아버지의 짧고 굵은 리액션에 엄마는 가끔 기분이 하늘을 날아다닌다.

[14]카카오톡에 1이 사라지고 난 다음에 아무 대답이 없으면 그렇게 답답하고 기분이 안 좋을 수가 없다. [15]'봤다는 말 한 마디만 해주어도 좋을 텐데…'라는 생각을 자주 한다. [16]밀당 중이 아니라면 많은 말이 필요치 않다. [17]기다리고 있을 사랑하는 사람에게, 좋아하는 사람에게 딱 한 마디로도 감동을 주는 일은 가능하다.

② [1]초콜릿을 좋아하시는 분들에게 희소식입니다. [2]독일의 한 연구에 따르면, 다크초콜릿이 혈압을 낮추는 효과가 있다고 합니다. [3]다크초콜릿이나 적포도주에서 발견되는 폴리페놀이 이 기능을 하는 것으로 보입니다. [4]반면 화이트초콜릿은 이 성분을 함유하고 있지 않아서 이 같은 부수적 효과가 없다고 합니다. [5]앞으로 화이트초콜릿에 대한 연구도 철저히 이루어져야 할 것입니다.

절취선

절
취
선

(2) 긴밀성

긴밀성은 단락을 이루는 요소, 즉 문장과 문장, 어구와 어구 등이 자연스러운 흐름으로 연결되어야 한다는 원리이다. 긴밀성을 고려하지 않으면 그 단락의 화제는 명확히 드러날 수 없게 된다. 아래 글을 통해 긴밀성에 대해 이해하도록 하자.

(라) [1]대학생들은 4년 동안 수많은 리포트를 작성하게 되고 그 리포트는 학점으로 어느 정도 직결된다고 할 수 있다. [2]그런데도 리포트를 어떻게 작성해야 하는지 잘 모르는 학생들이 있다. [3]이런 점에서 볼 때 '글쓰기'는 그 어떤 강의와도 비견될 수 없을 만큼 긴요하다고 하겠다. [4]리포트를 작성하는 훈련이 바로 '글쓰기' 강의에서 이루어지기 때문이다.

[5]필자는 '글쓰기' 과목을 효과적으로 지도하기 위해 글쓰기에서 가장 큰 문제점으로 대두되고 있는 병렬 구조에 초점을 맞추려 한다. [6]필자가 병렬 구조에 주안점을 두는 이유는 병렬구조의 이해가 논리적 사고 곧 논리의 정연함과도 연관되기 때문이다.

위에서 2번 문장의 '그런데도', 3번 문장의 '이런' 등이 앞뒤 문장을 자연스럽게 연결시켜주는 긴밀성 장치이다. 6번 문장의 '병렬구조에 주안점을 두-' 또한, 반복을 통해 긴밀성 확보에 기여하고 있다. 위 글에서 몇몇 연결어가 없다고 가정해 보면 글쓰기에서 긴밀성 장치가 얼마나 중요한가를 쉽게 알 수 있을 것이다.

사실 위 글은 두 문단으로 구분되어 있는데 두 문단 간의 긴밀성에는 다소 문제가 있다. 5번 문장 앞에 '이에'와 같은 긴밀성 장치가 제시된다면 보다 좋은 글이 될 것이다.

연습 문제

7. 다음 글에서는 긴밀성이 확보되지 않은 부분이 있다. 그것을 찾고 그 이유를 50자 내외로 써 보자.

[1]시금치는 영양분이 많은 음식입니다. [2]베타카로틴을 비롯하여 여러 항산화제를 다량 함유하고 있기 때문에 시금치는 강력한 항암효과가 있다는 것이 입증되었습니다. [3]시금치는 또한 엽산의 훌륭한 공급원입니다. [4]시금치 1온스에는 하루 엽산 필요량의 약 25%가 함유되어 있습니다. [5]시금치는 노인들에게 생기는 노화와 관련된 안과 질환을 예방해 줍니다. [6]시금치는 날로 먹거나 씻어서 흔들어 말린 후 냄비에 물을 붓지 않고 살짝 익혀 먹는 것이 가장 좋습니다.

절취선

(3) 완결성

한 단락에는 주제문과 그것을 뒷받침하는 문장이 있어야 한다. 그래서 한 단락은 최소 두 개 이상의 문장들로 구성되는 것이 원칙이다. 첫 문장을 주제문으로 하는 다음 글을 통해 완결성에 대해 이해해 보기로 하자.

(마) [1]자기 고장의 브랜드 가치를 높이거나 이미지를 개선하기 위해 동네 이름을 바꾸는 지역이 속출하고 있다. [2]명칭 변경은 농특산물 판매와 관광객 유치가 목표다. [3]성공 사례가 김삿갓면이다. [4]명칭 변경 당시 주민들 사이에서 단순히 방위만을 의미하는 하동 대신 새 명칭을 도입하자는 여론이 일었다. [5]마침 방랑시인 김삿갓의 묘와 생가가 있기 때문에 상징성을 살려 명칭을 변경한 것이다. [6]그러자 김삿갓 문학관을 찾는 관광객이 명칭 변경 이후에는 세 배 이상 증가하였다. [7]이런 효과가 나타나자 같은 군의 서면은 지형이 한반도를 닮았다는 명분에 따라 한반도면으로 개칭했다. [8]충주시 이류면(利柳面)은 두 번째라는 어감 때문에 사람들이 많이 모인다는 의미를 담은 대소원면(大召院面)으로 변경했다.

[9]행정구역 명칭이 유행처럼 퍼지고 있지만 부작용도 적지 않다. [10]인접 지역 주민들과의 갈등을 부추기고 역사성을 무시하면서까지 행정 비용 낭비로 이어지는 경우도 있기 때문이다. [11]이웃사촌으로 지내던 경북 영주시와 충북 단양군은 한때 사이가 틀어질 뻔했다. [12]영주시가 단산면을 소백산면으로 변경하려 했기 때문이다. [13]영주시 의회는 단산(丹山)이 황폐한 산이라는 의미를 갖고 있다는 점을 내세웠다. [14]그러나 소백산 자락에 자리 잡은 단양군은 영주시가 관광자원인 소백산을 전유물로 삼으려 한다고 반발한 바 있다.

위에서는 자기 고장의 브랜드 가치를 높이거나 이미지를 개선하기 위해 마을명을 바꾸는 지역이 많다고 했다. 그러면 브랜드 가치를 높인 쪽 사례와 이미지를 개선한 쪽 사례가 차례대로 나타나야 한다. 그 아래 영월군 김삿갓면과 한반도면이 전자에 해당하는 것이고 충주시 이류면이 후자에 해당하는 것이다. 특별히 문제 삼을 일은 없다. 그런데 3번 문장이 문제이다. 농특산물 판매와 관련된 내용이 등장해야 하고 관광객 유치와 관련되는 내용이 등장해야 한다. 그런데 그 이하의 내용은 사실 모두 관광객 유치와 관련된 내용이다.

또한 둘째 단락에서 '인접 지역민들과의 갈등을 부추기고 역사성을 무시하면서까지 행정비용 낭비로 이어지는 경우'가 있다고 하였다. 여기에도 세 가지 정보가 병렬로 구성되어 있다. 인접 지역 주민 갈등과 역사성, 행정비용 낭비 등이 그것이다. 그런데 그 이하의 내용은 인접 지역민과의 갈등뿐이다. 어디에도 역사성이라든가 행정비용 문제는 나타나지 않고 있다. 바로 완결성 측면에서 큰 허점을 보인 것이다.

연습 문제

8. 아래의 글이 어떤 점에서 완결성에 어긋나는지 각각 50자 내외로 작성해 보자.

① [1]아이들이 미술, 음악, 문학 등 예술 분야에 직접 참여하거나 감상하는 것은 그들의 정서계발에 많은 도움을 준다. [2]문학작품을 읽으면 아이들은 간접체험을 얻을 수 있을 뿐만 아니라 감정이 풍부해질 수 있고, 문학작품을 창작함으로써 아이들은 표현력을 기를 수 있다. [3]아름다운 음악을 아이들에게 들려주면 아이들은 차분한 마음을 가질 수 있고 악기를 직접 연주함으로써 아이들의 잠재된 표현 욕구를 충족시켜 줄 수 있다. [4]아이들에게 연극과 영화를 접하게 함으로써 상상력을 키워줄 수 있으며 아름다운 꿈을 간직하게 할 수 있다.

② [1]내용이 충실하고 진실한 글만이 좋은 글이 될 수 있다. [2]충실한 내용은 해박한 지식과 깊은 사고에서 온다. [3]어떤 대상이나 주제에 대해 아무런 정보나 느낌을 가지고 있지 않다면 글쓰기 자체가 불가능하다. [4]따라서 글이 잘 써지지 않는다면 그 주제에 대해 더 많은 생각을 하거나 더 많은 정보를 얻어야 한다. [5]쓰고자 하는 내용에 대해서 정확하고 상세하게 알고 있어야 좋은 글을 쓸 수 있다는 것이다.

절취선

9. 이상에서 배운 단락의 원리를 염두에 두고 아래 문장으로 시작하는 단락을 써 보자.

1. ○○○이 한국 축구 최고의 공격수이다.

2. 현재까지 한류 스타 중의 으뜸은 방탄소년단이라 생각한다.

3. 담배와 술 중에서 무엇이 몸에 더 해로울까?

4. 나는 라면을 가장 맛있게 끓이는 사람 중 하나라고 자부한다.

5. 우리는 가짜 뉴스가 난무하는 세상을 살고 있다.

6. ○○○ 교수의 강의 방식은 꽤 특이한 면이 있다.

7. 영어 강의 / 인터넷 강의는 권장될 만하다.

8. 남사친과 여사친이라는 말이 이제는 자리를 잡은 듯 하다.

절취선

9. 새로운 방식의 정치 참여가 젊은이들에게 호응을 받고 있다.

10. 스마트폰과 함께하는 시간이 점점 늘고 있다.

11. 스포츠 경기에서 감독의 역량은 성적으로 직결된다.

12. ○○에 있는 맛집을 소개하려 합니다.

13. 대학 생활을 시작하면서 고교 때와는 다른 흥미로운 점, 몇 가지를 알게 되었다.

14. 입학할 때 굳게 마음먹은 것이 있다.

15. 1년 전에 비해 나의 생활은 많이 달라졌다.

절취선

2) 단락의 전개

단락과 단락은 일반적으로 병렬 관계와 종속 관계에 의거하여 전개된다. 다음 글을 통해 단락의 전개에 대해 살펴보기로 하자.

단락 간의 병렬은 문장 간의 병렬을 좀 더 확대시켜 이해하면 된다. 병렬이 되는 문장도 찾아내고 병렬이 되는 단락도 찾아내면 된다.

(바) [1]전통 문화는 근대화의 과정에서 해체되는 것인가, 아니면 급격한 사회 변동의 과정에서도 유지될 수 있는 것인가? [2]전통 문화의 연속성과 재창조는 왜 필요하며, 어떻게 이루어지는가? [3]외래 문화의 토착화(土着化), 한국화(韓國化)는 사회 변동과 문화 변화의 과정에서 무엇을 의미하는가?

[4]이상과 같은 의문들은 오늘날 한국 사회에서 논란의 대상이 되고 있으며, 입장에 따라 상당한 견해 차이도 드러내고 있다. [5]전통의 유지와 변화에 대한 견해 차이는 오늘날 한국 사회에서 단순하게 보수주의와 진보주의의 차이로 이해될 성질의 것이 아니다.

[6]한국 사회의 근대화는 이미 한 세기의 역사를 가지고 있으며, 앞으로도 계속되어야 할 광범하고 심대(深大)한 사회 구조적 변동이다. [7]그렇기 때문에, 보수주의적 성향을 가진 사람들도 전통 문화의 변질을 어느 정도 수긍하지 않을 수 없는가 하면, 사회 변동의 강력한 추진 세력 또한 문화적 전통의 확립을 주장하지 않을 수 없다.

[8]또, 한국 사회에서 전통 문화의 변화에 관한 논의는 단순히 외래 문화이냐 전통 문화이냐의 양자택일적인 문제가 될 수 없다는 것도 명백하다. [9]근대화는 전통 문화의 연속성과 변화를 다 같이 필요로 하며, 외래 문화의 수용과 그 토착화 등을 다 같이 요구하는 것이기 때문이다. [10]그러므로 전통을 계승하고 외래 문화를 수용할 때에 무엇을 취하고 무엇을 버릴 것이냐 하는 문제도 단순히 문화의 보편성(普遍性)과 특수성(特殊性)이라고 하는 기준에서만 다룰 수 없다.

[11]근대화라고 하는 사회 구조적 변동이 문화 변화를 결정지을 것이기 때문에, 전통 문화의 변화 문제를 사회 변동의 시각에서 다루어 보는 분석이 매우 중요하리라고 생각한다.

위 글을 이해하기 위해서는 우선적으로 8번 문장에 집중해야 한다. 문장 8에서는 '또'라는 병렬장치가 보인다. 그렇다면 1에서 7번까지의 문장 중에, 8번 문장과 병렬이 되는 문장이 있어야 할 것이며 나아가 그 문장으로 시작하는 단락과 병렬이 되는 단락도 위 어딘가에 배치되어야 할 것이다. 8번 문장은 '외래문화냐 전통문화냐의 문제가 될 수 없음'을 단정적으로 언급하는 추상적 진술이다. 이를 구체화한 문장이 그 다음 두 문장이다. 우리는 8번 문장과 병렬이 되는 문장을 찾고 있으므로 8번 문장과 진술의 성격이 동일한 문장을 찾아야 한다. 그것은 바로 5번 문장이다. 바로 '보수주의와 진보주의의 차이로 이해될 수 없음'을 단정적으로 언급하는 추상적 진술이다. 그 구체화된 문장이 바로 6번, 7번 문장이다. 그렇다면 4번 문장을 보도록 하자. 4번 문장은 '견해차'가 있음을 제시하는 추상적 진술이다. 그것을 구체화한 문장이 바로 '두 견해차'를 각각 제시하고 있는 5번 문장과 8번 문장이 되는 것이다. 그렇다면 8번 문장으로 시작하는 단락과 병렬이 되는 단락은 어느 단락인가. 그것은 바로 5번, 6번, 7번 문장을 묶은 단락이라고 보아야 할 것이다. 우리는 이상에서 병렬장치 하나를 통해 단락 구성은 물론 글 전체도 문제 삼을 수 있음을 알 수 있었다.

단락 간의 종속 관계는 첫 번째 단락과 두 번째 단락 사이에서 잘 드러난다. 첫 번째 단락에는 몇 가지 질문이 등장하는데 이어지는 단락의 첫 표현이 바로 '이상과 같은 의문'이라는 긴밀성 장치이다. 이를 통해 두 단락의 의미 관계를 알 수 있다. 또한 다섯 째 단락은 그 이전 두 관점을 논리적으로 부정한 후 새로운 관점으로 접근하고자 한다. 그런 면에서 단락 간 종속 관계로 이해될 수 있겠다.

아래에서도 병렬 관계와 종속 관계에 의해서 글이 전개됨을 알 수 있다. 제시문은 이효석의 소설 '산'이다.

(사) 돌을 집어던지면 깨금알같이 오도독 깨어질 듯한 맑은 하늘, 물고기 등같이 푸르다. 높게 뜬 조각구름 떼가 해변에 뿌려진 조개껍질같이 유난스럽게도 한편에 옹졸봉졸 몰려들 있다. 높은 산등이라 하늘이 가까우련만 마을에서 볼 때와 일반으로 멀다. 구만 리일까 십만 리일까. 골짜기에서의 생각으로는 산기슭에만 오르면 만져질 듯하던 것이 산허리에 나서면 단번에 구만 리를 내빼는 가을 하늘.

산 속의 아침나절은 졸고 있는 짐승같이 막막은 하나 숨결이 은근하다. 휘엿한

산등은 누워 있는 황소의 등허리요, 바람결도 없는데, 쉴 새 없이 파르르 나부끼는 사시나무 잎새는 산의 숨소리다. 첫눈에 띄는 하아얗게 분장한 자작나무는 산 속의 일색. 아무리 단장한대야 사람의 살결이 그렇게 휠 수 있을까. 수북 들어선 나무는 마을의 인총보다도 많고 사람의 성보다도 종자가 흔하다. 고요하게 무럭무럭 걱정 없이 잘들 자란다. 산오리나무, 물오리나무, 가락나무, 참나무, 졸참나무, 박달나무, 사스레나무, 떡갈나무, 무치나무, 물가리나무, 싸리나무, 고로쇠나무. 골짜기에는 신나무, 아그배나무, 갈매나무, 개옻나무, 엄나무. 산등에 간간이 섞여 어느 때나 푸르고 향기로운 소나무, 잣나무, 전나무, 노간주나무 – 걱정 없이 무럭무럭 잘들 자라는 – 산속은 고요하나 웅성한 아름다운 세상이다.

과실같이 싱싱한 기운과 향기, 나무 향기, 흙 냄새, 하늘 향기, 마을에서는 찾아볼 수 없는 향기다.

낙엽 속에 파묻혀 앉아 깨금을 알뜰히 바수는 중실은, 이제 새삼스럽게 그 향기를 생각하고 나무를 살피고 하늘을 바라보는 것이 아니었다. 그런 것은 한데 합쳐 몸에 함빡 젖어들어 전신을 가지고 모르는 결에 그것을 느낄 뿐이다. 산과 몸이 빈틈없이 한데 얼린 것이다.

셋째 단락의 첫 문장에서 향기, 나무, 하늘 이 세 가지가 병렬을 이루고 있다. 그렇다면 우리는 이와 관련된 세 단락이 위 부분에서 병렬을 이룰 것이라 생각할 수 있다. 첫 번째 단락과 두 번째 단락을 살펴볼 때 배열 순서는 맞지 않지만 하늘, 나무, 향기가 모두 제시되어 있다는 것을 알 수 있다. 첫 단락이 바로 '하늘'에 대한 서술이며, 두 번째 단락이 바로 나무, 향기에 관한 서술이다. 소설이 아니라면 이러한 단락 구성이 문제점으로 지적될 수 있겠다. 위 글에서도 종속 관계는 잘 드러난다. 바로 마지막 단락의 둘째 문장이 그것을 잘 보여준다. 향기, 나무, 하늘, 이 모든 것이 몸과 어우러져 있음을 알 수 있다. 앞부분에서의 병렬관계를 포함하여 포괄적으로 진술하고 있는 셈이다. 결국 이 글은 병렬로 구성된 앞 두 단락이 셋째 단락에 자연스럽게 이어지고 있는 구조를 보여주고 있는 셈이다.

연습 문제

10. 다음은 ○○전자의 가습기 사용 설명서이다. 병렬관계와 종속관계에 대해 살펴보고, 관련된 몇 가지 문제점을 지적해 보자.

1. 전원버튼을 누르세요.
    - ▶ 자동적으로 분무량은 "강", 시간조절은 "연속", 희망습도는 "55%"에 선택되고 해당 램프가 켜지며 3초 후 현재습도 표시로 전환됩니다.(이때, 현재습도가 희망습도 55%보다 높거나 같으면 10초 동안만 분무가 되며 희망습도 램프가 2분간 깜박거립니다.)

2. 분무량버튼을 누르세요.
    - ▶ "강", "약", "취침" 중 원하는 기능을 선택하세요.
    - ▶ 취침기능 선택 시 시간조절은 "연속", 희망습도는 "55%", 따뜻한 가습은 "ON"으로 선택되며 분무는 초기 15분 동작, 3분 정지, 10분 동작으로 됩니다.(이때 분무량은 약으로 분무됩니다.)

3. 희망습도버튼으로 원하는 습도를 선택하세요.
    - ▶ 현재습도가 희망습도보다 높거나 같으면 자동으로 분무가 중단되고 현재습도가 희망습도보다 낮아지면 다시 분무가 시작되어 일정한 습도를 유지시켜 줍니다.
    - ▶ 희망습도 조절버튼을 한 번씩 누를 때마다

      55 → 60 → 65 → 70 → 75 → 80 → 40 → 45 → 50순으로 변환 표시됩니다.
    - ▶ 희망습도를 80%로 설정 시 현재습도에 관계없이 분무는 연속으로 작동합니다.

4. 시간조절버튼으로 원하는 운전시간을 선택하세요.
    - ▶ 시간조절버튼을 한 번씩 누를 때마다 연속 → 2시간 → 4시간 순으로 변환 표시됩니다.
    - ▶ 연속은 시간에 관계없이 계속 동작합니다.
    - ▶ 4시간 설정 시, 운전시간 경과에 따라 남는 시간대의 램프가 켜집니다.
    - ▶ 설정시간이 지나면 모든 기능은 정지됩니다.

절취선

5. 따뜻한가습조절버튼으로 원하는 기능을 선택하세요.

▶ 따뜻한가습을 원할 때 선택하세요.

▶ 따뜻한가습을 한 번씩 누를 때마다 따뜻한가습 ♧ → 찬가습 순으로 변환 표시됩니다.

(찬가습 시 램프가 꺼집니다.)

▶ 따뜻한가습 선택 시 약 10 ~ 15분가량 경과 후에 습기가 따뜻하게 분출됩니다.

(습기온도는 약 40 ~ 45 ℃가량 됩니다.)

절취선

11. 우리는 지금까지 단락 구성에 대해 살펴보았다. 종합적으로 정리한다는 측면에서 다음 글을 분석해 보자. 글을 이해하기 쉽게 단락을 새로 나누고 또 새로 나눈 단락에 대해서도 잘못된 점이 있다면 평가해 보자.

① [1]등잔은 토기 제작 기술과 기름 짜는 기술이 발달하면서 만들어 썼다고 한다. [2]물론, 아득한 옛날 굴집에 살 때에는 화톳불을 지피거나 '툰지'라고 하는 노에 불을 피워 뜰 안을 밝히기도 했다. [3]그러던 것이 삼국 시대에 들어오면서 우리 조상들은 깨기름을 이용해서 등잔불을 밝혔다. [4]등잔에는 방안을 밝히는 내등(內燈), 천지신명에게 바치는 신등(神燈), 대문 밖에 달던 장명등(長明燈), 부처님께 바치는 법등(法燈), 밤늦게 희미하게 깜박이는 잔등(殘燈), 처마 밑에 달던 헌등(軒燈), 외딴곳에 달던 고등(孤燈), 그림을 비추며 돌아가게 되어 있는 영등(影燈) 등이 있다.

② [1]인간은 습지를 간척하고 도로와 철로를 건설하기 위하여 산을 뚫으면서 지구 표면을 변경시켰다. [2]인류 역사상 인간은 자신의 생활 방식을 개선하기 위하여 자연환경을 변화시켜 왔다. [3]삼림지대와 초원을 농지로 바꾸고 관개나 수력발전을 위하여 강을 막아 호수와 저수지를 만들었다. [4]인간은 기계로써 지상의 많은 자연을 개조하였다. [5]오늘날, 공기와 물의 오염은 지구를 점점 병들게 하고 있다. [6]도시의 공기는 점점 오염되고 있다. [7]매일 자동차에서 수천 톤의 배기가스가 쏟아져 나온다. [8]공장에서 뿜어내는 연기는 산업지역과 도시 근교의 공기를 오염시킨다. [9]바다는 기름으로 계속 오염되고 있으며 그 때문에 엄청나게 많은 해초와 물고기와 새들이 죽어가고 있다. [10]그로 인하여 바다의 생태 균형이 파괴되고 있다. [11]산업 폐기물 때문에 이미 많은 강이 생명을 잃었다. [12]자연보호자들은 인간이 지상에 살아남으려면 이제 과학기술의 발전을 제한할 필요가 있다고 생각한다.

절취선

절취선

4. 표준어와 맞춤법

표준어를 규정에 맞추어 쓰는 것이 맞춤법이라 생각하면 된다. '안 그랴', '안 그래' 중 하나를 선택해야 하는 상황은 사투리와 표준어의 문제이며, '안 그래'와 '안 글애', '않 그래'와 '않 글애'가 헷갈리는 상황이라면 그것은 맞춤법의 문제이다. 여기에서는 표준어의 문제이든 맞춤법의 문제이든 규칙적인 것을 중심으로 살펴보고자 한다. 그에 앞서 우리가 맞춤법을 얼마나 많이 이해하고 있는지 확인해 보기로 하자.

※ 다음 중 알맞은 형태를 골라라.

1. (위층 윗층)에 가 볼까? (뒤쪽 뒷쪽)에 있는지 확인해.
2. (못 찾겠다 못 찾겠다) 꾀꼬리.
3. (취업율 취업률)이 좋지 않다. 업계의 (불문율 불문률)을 어겼다.
4. 자전거를 (처박았다 쳐박았다).
5. (뒤처진 뒤쳐진) 주자들이 포기한다. 물 묻은 종이가 점점 (처져요 쳐져요).
6. 설렁탕에는 후추를 (처먹으면 쳐 먹으면) 좋다.
7. (서슴치 서슴지) 않고 그 일을 했다.
8. 잡담을 (삼가 삼가해) (주십시오 주십시요).
9. (생각건대 생각컨대) (회상건대 회상컨대)
10. 그 내용을 (요약도록 요약토록) 해라. 다음 달에 (운행도록 운행토록) 하자.

11. (익숙지 익숙치) 않은 일이지. 절대로 (용납지 용납치) 말자.

방이 (깨끗지 깨끗치) 않구나. 그 일은 (적당지 적당치) 않다.

12. 저에게 소박한 (바람 바램)이 있다면 대학 때 많은 경험을 해 보는 것입니다.

13. (뿌리채 뿌리째) (송두리채 송두리째) (통채로 통째로)

14. (설레임 설렘 설래임 설램)

15. 식욕을 (돋군다 돋운다). 화를 (돋군다 돋운다).

16. 김치를 (담가라 담아라 담궈라). 문을 (잠가라 잠궈라).

17. 국수 (먹을게 먹을께). 내가 (갈걸 갈껄) 후회된다.

18. 얼굴을 (쳐들든지 쳐들던지 처들든지 처들던지) 말든지 모르겠다.

19. (웬일인지 왠일인지) 께름칙하다. (웬지 왠지) 꺼름칙하다.

20. 얼굴이 (하얘졌다 하예졌다 하에졌다 하애졌다).

21. (초점 촛점)을 맞추어라.

22. 틀린 (갯수 개수)를 정확히 기입해라.

23. 시도한 (횟수 회수)만 많아진다.

24. 큰 (숫자 수자)만 보인다.

25. (예, 아니오 예, 아니요)로 (답하시요 답하시오).

26. 안 (되야 돼야) 할 텐데. 10분도 안 (되서 돼서) 왔다. 하면 (안 되 안 돼).

불을 (쬐야 쫴야) 된다. 다음 주에 (봬요 뵈요).

27. 그 사람이 그 일을 제대로 (할는지 할른지 할련지) 의문이다.

거기에 가 (있든지 있던지) 마음대로 해라. (어디든 어디던) 갈 수 있다.

28. 목적에 (알맞는 알맞은) 일을 골라라. 곱지 (않은 않는) 시선.

29. 그 사람이 그 일을 (한대요 한데요). 얼른 (가랬어요 가렜어요).

호동이가 다음 주에 야유회 (가재요 가제요).

30. 매우 크게 (만듦 만듬).

31. (아니예요 아니에요).

32. (학생으로서 학생으로써) 그런 일을 하다니 대단하다.

33. 제가 하고 싶은 말이 (그거예요 그게에요).

34. 전망이 조금이라도 (밝다라는 밝다는) 것은 우리에게 용기를 준다.

35. (가능한 가능한 한) 빨리 걷자.

※ 다음 중 알맞은 것을 골라라(띄어쓰기).

36. (안해 안 해) (안돼 안 돼)
37. (지금으로부터 지금으로 부터) (넘어뜨리기는커녕 넘어트리기는 커녕)
(여기에서처럼만 여기에서 처럼만) (주먹으로조차도 주먹으로 조차도)
(했다기보다는 했다기 보다는) (그렇게까지는 그렇게 까지는)
내가 (한만큼 한 만큼) 내 친구는 (너밖에 너 밖에) 없다.
그가 (하는대로 하는 대로) 해라. 너는 (너대로 너 대로) 가거라.
이기기 (위해서이다 위해서 이다). (이밖에 이 밖에) 또 무슨 공부를 해야 합니까.
38. (버려진지 버려진 지) 오래 되었다. (서구화된지 서구화된 지) 50년이 지났다.
비가 (오는지 오는 지) 나가보지. 비가 (올지도 올 지도) 모르겠다.
그 일을 누가 (지시했는지 지시했는 지) 알 수 없다.
39. 그가 (말했는데 말했는 데) 왜 또 말하니?
한 문제라도 제대로 (푸는데 푸는 데) 집중하자.
40. 비가 (올듯하다 올 듯하다). 비가 (온듯하다 온 듯하다).
비가 (오는듯하다 오는 듯하다). 비가 (올듯말듯 올 듯 말 듯 올듯 말듯)
비가 (오듯이 오 듯이) 구렁이 담 (넘어가듯이 넘어가 듯이).

위에서 40문항을 확인해 보았다. 헷갈리는 문제가 한둘이 아니라서 좋은 성적을 기대하기 어려울 수 있다. 영어에 비해 국어에 투자하는 시간이 점점 줄어든 때문인지 우리는 유독 어문규정에 약하다. 체계적으로 배울 기회가 없었다고 보는 편이 합당할 것이다. 다음에 적힌 것들을 슬쩍 보면서 앞의 40문항을 다시 풀어 보자.

1. 사이시옷: 윗면(위면×), 뒤뜰(뒷뜰×), 뒤편(뒷편×), 위쪽(윗쪽×), 위층(윗층×), 아래쪽(아랫쪽×), 아래층(아랫층×) cf. 초점(촛점×), 개수(갯수×), 횟수(회수×), 숫자(수자×)
2. 준말 관련

2.1. 간대요(← 간다 해요), 가재요(← 가자 해요)

2.2. 사람이에요, 나무예요(← 나무이에요)

공책이에요, 노트예요(← 노트이에요)

2.3. 가지 않고(← 가지 아니하고)/안 가고(← 아니 가고)

2.4. 왠지(← 왜인지)

그 나머지: 웬일인지, 웬만큼, 웬만하면, 웬 사람, 웬 말이냐

2.5. 돼야(← 되어야), 돼서(← 되어서)

쫴도(← 쬐어도), 봬도(← 뵈어도), 쐤습니다(← 쐬었-), 아뢨다(← 아뢰었-)

cf. 되-, 쬐-, 뵈-, 외-, 쇠-, 쐬-, 꾀-, 아뢰-(공통점: 기본형에 'ㅚ')

2.6. 요약지/간단치

-'하-' 앞의 받침이 'ㅂ', 'ㄷ(ㅅ)', 'ㄱ'으로 끝나는 경우

익숙지← 익숙하지, 산뜻지← 산뜻하지, 용납지← 용납하지

생각도록← 생각하도록, 생각건대← 생각하건대

-그 외의 경우

간단치← 간단하지, 발달치← 발달하지, 신음치← 신음하지, 감당치← 감당하지, 중요치← 중요하지

2.9. 뒤처진(등수가), 처먹고(개가), 처박고(차를), 처들이고(밑천을), 쳐내고(거름을), 쳐들고(고개를)

3. 어미관련

3.1. 문제를 풂에 있어 주의할 것은

3.2. 할까, 할쏘냐 / 할걸, 할게, 할지라도

3.3. 갈는지(갈런지×), 가는지, 갔는지 ; 가든지 말든지(가던지 말던지×)

3.4. 주십시오(주십시요×)

3.5. 하게끔(하겠끔×), 하려무나(하려므나×), 하리만치(할이만치×)

4. 기본형 관련

4.1. 잠그다(잠금장치, 잠굼장치×), 담그다(담금질, 담굼질×), 돋우다(발돋움, 발돋굼×): 잠가(잠궈×), 담가(담궈×), 돋우고(돋구고×)

4.2. 하얘(← 하얗-), 허예(← 허옇-), 누레(← 누렇-), 노래(← 노랗-), 뽀얘(← 뽀얗-),

뿌예(←뿌옇-), 꺼메(←꺼멓-), 까매(←까맣-)

4.3. 들르다, 치르다: 삼촌 댁에 들른 후, 들러라(들려라×) ; (시험을) 치르고, 치러서(치뤄서×)

4.4. 삼가라(삼가해라×) ; 서슴지(서슴치×)

5. 기타

밝다는(밝다라는×), 설렘(설레임×), 안절부절못하다(안절부절하다×), 내로라는(내노라는×), 아기(애기×), 바람(바램×), 나무람(나무램×), 아니에요(아니예요×), 쓰인/써진(쓰여진×, 씌어진×), 리포트(레포트×), 파일(화일×), 파이팅(화이팅×), 프라이팬(후라이팬×), 알맞은(알맞는×), 걸맞은(걸맞는×), 곱지 않은(곱지 않는×), 희로애락(희노애락×), 대로(대노×), 덮인(덮힌×), 불문율(불문률×), 취업률(취업율×), 승률(승율×)

다음은 위에서 풀어 본 몇몇 문제들을 알기 쉽게 풀어 쓴 것이다. 특히 하나를 알면 많은 단어에 적용될 수 있는 것만을 다루어 보기로 한다.

① 윗층/위층

사이시옷은 제1요소(앞말)와 제2요소(뒷말)가 연결된 글자 그대로의 발음이 실제 발음과 다른 경우에 한하여 적는다. '피+멍(→피멍)', '피+기(→핏기)'를 대비해 보면 그 차이가 확연히 드러난다. 후자에서 '+' 기호를 빼고 선행 요소인 '피'와 후행 요소인 '기'를 자연스럽게 연결시킨 '피기'로 발음하면 한국인이 아닌 것으로 오해 받을 수 있다. 아래 예들을 살펴보자.

내+물, 뒤+면, 위+사람 ; 위+층, 뒤+편, 뒤+뜰
냇물, 뒷면, 윗사람, 위층, 뒤편, 뒤뜰

앞 세 단어를 '내물', '뒤면', '위사람'이라 발음하는 한국인은 드물다. 반면, 줄 친 부분의 앞말과 뒷말을 연결시킨 위층, 뒤편, 뒤뜰 등은 자연스러운 발음, 아니 훌륭한 발음이다. 그러니 사이시옷을 쓸 필요가 없다. 그래도 이해가 되지 않는다면 기계적으로 외우면 된다. 뒷말이 강한 발음으로 시작하면 앞말에는 사이시옷을 쓸 수 없다고 말이다. ㅈ, ㅉ,

ㅊ 중 강한 발음 두 개를 찾는다면 당연히 ㅉ(된소리)과 ㅊ(거센소리)일 것이다. ㅂ에 비해 ㅃ, ㅍ도 강한 발음이며 ㄷ에 비해 ㄸ, ㅌ도 강한 발음이다.

그런데 '개수(個數)', '초점(焦點)'과 같은 한자어에는 사이시옷을 쓰지 않는 것이 원칙이다. 다만 그 예외 6가지(첫 글자: 회·수·세·차·고·퇴)가 있다는 것은 귀가 따갑도록 들었을 것이다. 이들 중, '회'와 '수'로 시작하는 '횟수(回數)'와 '숫자(數字)'는 외워 두어야 '개수(個數)'와 헷갈리지 않는다. 이 세 단어에는 모두 '수(數)'가 포함되어 있어서 혼란이 야기된다.

② 갈껄/갈걸, 갈께/갈게

'갈까/갈가', '갈쏘냐/갈소냐', '갈껄/갈걸', '갈께/갈게'

위 네 어형 중에서 물음표를 붙일 수 있는 것을 둘 골라 보자. 네 가지 중 물음표(의문문을 만드는 부호)를 붙일 수 있는 것만 소리대로 적으면 된다. 물음표를 붙일 수 있는 것이 '갈까?'와 '갈쏘냐?'이므로 '갈가', '갈소냐'로 써서는 안 된다. '갈걸'과 '갈게'는 물음표를 붙일 수 없기에 소리대로 쓰지 않는다. 즉 '갈걸', '갈게'로 쓰고 '갈껄', '갈께'라고 발음하면 된다는 뜻이다.

③ 처먹다/쳐먹다

다음 말들 중 무엇이 맞는지 판단하는 것은 쉽지 않다.

(탕을) 처먹다/쳐먹다
(차를) 처박다/쳐박다
(신의를) 저버리다/져버리다

옳은 표현을 가려내려면 첫 글자 '처/쳐', '저/져'가 '치-' 또는 '지-'와 관련이 있는지 생각해 보면 된다. '쳐' 또는 '져'로 쓸 때에는 반드시 '치-', '지-'와 관련되는 경우라야 한다. 설렁탕에 후추를 쳐서 먹는 것은 '쳐 먹는 것이고', 며칠 굶은 사람이 설렁탕을 허겁지겁

먹는 것은 '처먹는' 것이다. 전자는 '후추를 치고', '후추를 치니'처럼 '치-'와 관련시킬 수 있다. '공을 치고', '공을 쳐서', '시합에 지고', '시합에 져서' 등을 생각해 보면 그 이유를 알 수 있다. '쳐들어가다'를 '처들어가다'로 쓰지 않는 이유는 '진지를 치고, 진지를 쳐서' 등과 같은 말이 성립되기 때문이다. 머리를 '처박고'를 '쳐박고'로 적지 않는 이유는 '머리를 치고', '머리를 쳐서'라는 말이 '처박고'의 의미와 관계없기 때문이다. '뒤처진'을 '뒤쳐진'으로 쓸 수 없는 이유 또한 '뒤치-'와의 관련성으로 이해할 수 있다. '치-'와 마찬가지로 '지-', '찌-'도 동일한 유형으로 생각하면 된다. '신의를 저버리다'의 '저'를 '져'로 쓸 수 없는 이유도 '신의를 지-'는 것과 관계없기 때문이다.

④ 주십시오/주십시요

음식점에 가면 다음과 같은 유형의 표기를 쉽게 접할 수 있다. 어떤 것이 옳은지 헷갈릴 수 있으나 의외로 쉽게 해결될 수 있다.

주십시오/주십시요
어서 오십시오/어서 오십시요

일반적으로 '-요'를 제외한 앞 말은 단독으로 쓰일 수 있다. '어디요', '영수는요', '뭘요' 등에서 '-요'를 뺀 '어디', '영수는', '뭘' 등은 단독으로도 말이 된다. 한편, '주십시' 자체는 말이 되지 않으므로 '-요'를 덧붙일 수 없다. 반면 '안녕하세요'에서 '-요'를 뺀 '안녕하세'는 말이 되지 않으므로 사실 '안녕하세요'는 틀린 표현이라 해야 할 것이다. 그러나, 실제는 그렇지 않다. '안녕하셔요'를 보자. '안녕하셔'가 말이 되므로 '안녕하셔요'는 옳은 표현이다. 바로 '안녕하셔요'가 원칙이고, 서울 사람들이 굉장히 자주 쓰는 말 '안녕하세요'는 허용된 말이다. 서울 사람들이 두루 쓰게 되면 그것이 위력을 발휘할 수도 있다.

⑤ 취업률/취업율, 충원률/충원율

아래에 적힌 말들이 옳은 표기인지 생각해 보자.

취업률, 충원률, 정답률, 불문률, 이율, 선율, 선열, 선동열

'이율(利率)'과 '선율(旋律)'을 예로 들어보자. 두 단어를 옥편에 제시된 한자 본음으로 표기하면 '이률', '선률'이 된다. 그런데 '이률'로 적고 '이율'로 발음하라고 하면 합리적이라 할 수 없다. 바로 우리 한국인의 현실음을 고려한 조치라 이해하면 된다. '旋律'을 '선률'로 적게 되면 '설률'로 읽을 수밖에 없다. 같은 환경 즉 'ㄴ-ㄹ'이 연속된 '신라', '인류'를 생각해 보면 알 수 있다. '신나의 통일', '인뉴의 기원'이라고 발음한다면 외국인으로 오해되기 십상이다. 이상은 "한자 '列', '烈', '律', '率', '劣'처럼 앞 글자의 받침이 없거나 그 받침이 'ㄴ'이면 '렬', '률' 등으로 적지 않고 '열', '율' 등으로 적어야 한다"라는 규정과 관계된다. 그러니 '충원률'은 '충원율'로 적어야 하고 '불문률'도 '불문율'로 적어야 한다. '율/률' 앞부분에 ㄴ이 있기 때문이다. '선동열/선동렬'에서는 '열/렬'의 앞 받침이 'ㄴ'이 아니므로 '선동렬'로 적어야 한다. 배우 '류준열'은 '류준렬'로 적으면 안 된다. '류줄렬'로 읽힐 수 있기 때문이다.

⑥ 간대요/간데요, 가재요/가제요

'간대요/간데요', '가재요/가제요'가 헷갈리는 이유는 당연하다. 'ㅐ'와 'ㅔ'의 발음이 구분되지 않기 때문이다. 두 발음이 구분되지 않기 때문에 이와 관련된 표기는 다 외워야 하는 어려움이 있다. '(영덕/울진) 대게', '대개(大概)' 또한 외우고 있어야 제대로 적을 수 있다. 그나마 '간대요/간데요', '가재요/가제요'의 구분은 외우지 않아도 된다. '간다 해요', '가자 해요'에서 '해'가 중요하다. 이런 경우 '해'의 'ㅐ'를 반영하여 '간대요', '가재요'로 쓰면 된다. '어쨌든' 또한 '어찌했든'을 생각하면 '어쩻', '어쨋', '어쩼' 등으로 쓸 이유가 없겠다.

이를 확장하여 '예쁘대요'와 '예쁘데요'에 적용해 보자. 첫 번째는 '예쁘다고 해요'라는 뜻으로 이해하면 된다. '해'와 '대'에서 문자 'ㅐ'가 공통으로 제시되어 있다는 것이 중요하다. 그렇다면 '예쁘데요'는 무슨 뜻인가? 이는 자신이 직접 경험한 것과 관련시켜서 '예쁘더군요'로 이해하면 된다. 여기에서는 '더'와 '데'에서 문자 'ㅓ'를 공통으로 확인할 수 있다.

⑦ 공책이에요/공책이예요, 노트에요/노트예요

대중매체의 자막표기에서도 위 표기는 제대로 잡히지 않고 있다. 명사가 자음으로 끝난 것인지 모음으로 끝난 것인지를 파악하는 것이 중요하다. '공책'은 자음(ㄱ)으로 끝난 것이며, '노트'는 모음(ㅡ)으로 끝난 것이다. 자음과 모음의 차이만 확인하면 된다. 자음으로 끝나면 무조건 뒤에 '-이에요', '-이어요', '-이었다'를 붙이고, 모음으로 끝난 경우는 무조건 '-예요', '-여요', '-였다'를 붙이면 된다. 전자 '-이에요', '-이어요', '-이었다'에서는 문자상 'ㅓ'를 추출할 수 있고, 후자 '-예요', '-여요', '-였다'에서는 'ㅕ'를 추출할 수 있다. '연예인이에요, 연예인이어요, 연예인이었다 ; 가수예요, 가수여요, 가수였다'로 쓰면 된다는 것이다.

⑧ 되서/돼서, 됬다/됐다, 뵈요/봬요

'되+어서'가 결합할 때 '되서'로 적어서는 안 된다. '어'를 이유 없이 탈락시킬 수 없기 때문이다. 조금 더 신중을 기해 '돼서'로 표기하면 좋겠다. '되+었다'의 경우 또한 마찬가지이다. '어'를 이유 없이 삭제하여 '됬다'로 적을 수 없다. '쬐+어서', '쬐+어야', '쬐+어도', '쐬+어요', '쬐+었다'에서도 동일하게 적용될 수 있다. '쬐서', '쬐야', '쬐도', '쐬요', '쬤다' 등으로 적는 일은 없어야겠다. 이들 동사의 공통점은 바로 어간이 'ㅚ'로 끝난다는 것이다. "선생님, 다음 주에 뵈요"의 마지막 단어 '뵈요'는 '봬요'로 써야 한다. 어간 '뵈-'에 '-어요'가 결합되었기 때문이다.

⑨ 용납치/용납지, 생각컨대/생각건대

'어차피'와 '어짜피', '애틋하다'와 '애뜻하다'가 헷갈리는 경우가 있다. 그런 경우라면 '용납치/용납지'의 발음도 헷갈리게 된다. 이러한 현상이 큰 문제를 야기하는 경우가 있다. '하지', '하도록', '하건대' 등에서의 '하'는 줄여서 쓸 수 있는데, '하' 앞 명사의 받침이 무엇이냐에 따라 크게 차이가 난다. 받침이 'ㅁ', 'ㄴ', 'ㅇ', 'ㄹ'인 경우(자판의 왼손 글쇠) 우리의 발음대로 그대로 쓰면 되지만, 받침이 'ㅂ', 'ㄷ(ㅅ)', 'ㄱ'로 끝나는 경우는 주의해서 줄여 써야 한다. 우리의 일반적인 발음은 '용납치', '생각컨대'이지만 '용납찌', '생각껀대'로 발음하고 '용납지', '생각건대'로 써야 한다.

신음하지 → 신음치　용납하지 → 용납치×, 용납지
단순하지 → 단순치　산뜻하지 → 산뜻치×, 산뜻지
감당하지 → 감당치　요약하지 → 요약치×, 요약지

발달하지 → 발달치
필요하지 → 필요치
가하다부하다 → 가타부타
cf. 생각하건대 → 생각컨대×, 생각건대
　요약하도록 → 요약토록×, 요약도록
　야속하다고 → 야속타고×, 야속다고

⑩ 띄어쓰기

조사, 어미는 앞말에 붙여 써야 한다. 이것이 띄어쓰기의 대원칙이다. 문제는 무엇이 조사이고 무엇이 어미인지 모른다는 것이다. 전공자가 아니라면 다음과 같은 방식을 추천하고 싶다.

"ㄴ, ㄹ 받침 다음에서 띄어서 적자. 그러면 90% 옳다."

오는 듯, 올 듯, 온 듯 ; 오는 대로, 올 대로, 온 대로 ; 오는 만큼, 온 만큼, 올 만큼 ; 온 거야, 올 거야, 오는 거야 ; 올 수 있다, 올 뿐, 올 만하다, 올 테지……

한편, '대한민국에서처럼도'와 '지금으로부터'는 모두 조사가 연이어 등장하는 구조이다. 모두 붙여 쓰면 된다. ㄴ, ㄹ 받침 다음에서 띄어 쓰면 90% 옳다는 것을 여기에서도 적용할 수 있다. '산부터', '물부터' 등도 띄어 쓰지 않는다. '온 만큼'의 '온'과 달리 '산부터'의 'ㄴ'은 원래 명사 그 자체에 'ㄴ'이 포함되어 있는 것이다.

다만, 'ㄴ', 'ㄹ' 뒤에서 무조건 띄어 쓰는 것은 경계해야 한다. '갈지라도'를 예로 들어보자. '갈지라도'에서 '가-'를 제외한 나머지 부분 '-ㄹ지라도'가 사전 표제어로 있다면 붙여 쓰면 된다. 국어사전 검색창을 띄워 놓고 '○○○○(예: 고지라도)'를 입력해 보면 그 뜻풀이가 뜨는 경우가 있다. 그런 경우 검색창에 입력한 형태를 그대로 붙여 쓰면 된다. 이런 유형이 바로 위에서 말한 90%와 관련된다.

반면, 'ㄹ듯이'를 검색창에 쳐 넣으면 "'ㄹ듯이'에 대한 검색 결과가 없습니다"라고 뜬다. 'ㄹ'과 '듯이'를 **띄어 쓰라**는 뜻이다(갈 듯이).

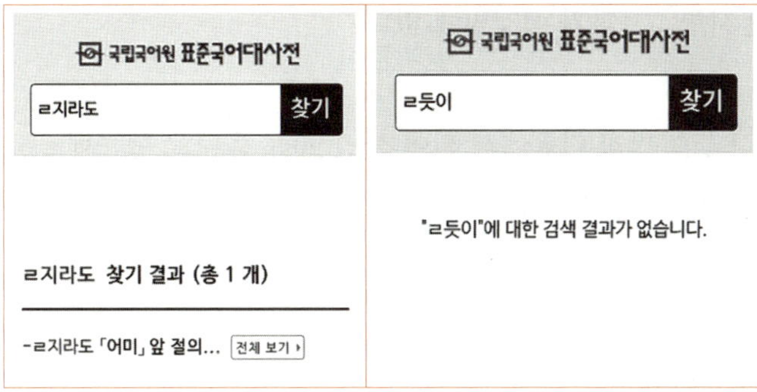

다만 다음 세 가지는 자주 쓰이는 것이므로 기억해 둘 필요가 있다.

첫째, 기간을 나타내는 '지'와 그렇지 않은 '지'를 구별해야 한다. '한국에 온 지 10년이 지났다', '워낙 버려진 지 오래 되었다', '이 약을 먹은 지 1년이 지났다' 등에서의 '지'는 모두 기간을 나타낸다. '어디로 올라가는지 알 수 없다', '비가 오려는지 하늘이 시커멓다'에서의 '지'와 대비해 보고 그 차이를 확인하기 바란다.

둘째, '곳' 또는 '것'의 의미를 가진 '데'와 그렇지 않은 '데'를 구별해야 한다. 아래의 예를 보기로 하자. 전자에 비해 후자의 유형은 앞뒤의 의미가 상반되는 것이 특징이다.

그런 데 가지 마라(용돈을 아끼는 데 신경을 많이 써야 한다).

그런데 왜 F학점이지(용돈을 아꼈는데 벌써 돈이 바닥났다).

셋째, '외(外)'의 의미를 가진 '밖'과 그렇지 않은 '밖'이 있다. 전자의 경우는 띄어 쓴다. 아래 예를 대비해 보기 바란다.

그 밖에 논의할 사항 ; 사과가 이것밖에 없니?

앞에서 우리는 ㄴ, ㄹ 받침 다음에서 띄어 쓰면 90% 옳다고 했는데 그 기능적인 측면을 영어와 대비해 보면서 ㄴ, ㄹ 받침의 중요성을 강조해 두고 싶다.

the man who is standing by the tree
나무 옆에 서 있는 남자

위에서 관계대명사 who는 '서 있는'의 '-는'과 대략 일치한다. 영어 문법에서 관계대명사가 중요하듯 국어 문법에서 '-ㄴ/는', '-ㄹ'이 매우 중요하다. '-ㄴ/는', '-ㄹ' 뒤에 오는 말은 명사일 확률이 매우 높다. 그래서 앞말과 띄어 쓰게 되는 것이다.

마지막으로 강조하고 싶은 띄어쓰기 항목이 있다. '-하다(도외시하더라도)'는 명사 뒤에 붙여 써야 한다. '-시키다(납득시키더라도)', '-되다(추방되더라도)' 등도 마찬가지이다. 그 밖에 '-어지다'도 붙여 쓰면 된다. 대학생의 글에서 특히 '-하다'를 붙이지 않은 경우를 쉽게 확인할 수 있는데 1학년 때 이것만이라도 습관을 잘 들일 필요가 있다. '도외시 할지라도', '도외시 한다고'는 모두 틀린 표기이다.

연습 문제

12. 밑줄 부분의 띄어쓰기가 맞는지 '국어사전'에서 확인해 보라.

요즘은 지방자치단체마다 브랜드 슬로건을 만드는 게 유행이다. 'Hi 서울, Dynamic 부산, Colorful 대구, Fly 인천, It's 대전, 행복한 창조도시 광주, 울산 for you, Global Inspiration 세계 속의 경기도, Lively 강원, 함께하는 충북, Heart of Korea 충남, 천년의 비상 전북, 녹색의 땅 전남, Pride 경북, Feel 경남, Only 제주' 특별시, 광역시, 도만 해도 이 정도이고, 중소도시도 비슷한 형편이다.

한눈에 봐도 외국어의 물결에 어지러울 지경이다. I♡NY(I love New York)을 본떠서 도시 브랜드를 만든다는 것인데, 국내에서는 'Hi 서울'이 성공사례로 꼽힌다고 한다. 브랜드 슬로건의 특징상 간결하면서도 도시의 이미지를 바로 전달해야 한다지만, 굳이 외국어일 필요가 있을까 싶다. 국어를 사용한 광주, 충북, 전북, 전남이 오히려 눈에 띌 정도이다.

그 중 전라북도의 슬로건인 '천년의 비상'은 뜻을 다시 한 번 새기게 한다는 점에서 의미가 있다. '천 년의 역사와 전통을 기반으로 또다른 미래의 천 년을 준비하여 힘차게 비상하는 것'을 표현하였다고 하는데, 직접적이지 않은 표현이기 때문에 오히려 그 의미를 더 생각해 보게 하는 효과가 있다.

13. 아래 가사에서 잘못된 부분을 수정하라. 줄친 부분을 중심으로 생각하자.

① cheer up(twice)

매일 울리는 벨벨벨 이젠 나를 배려 해줘
배터리 낭비하긴 싫어, 자꾸만 봐 자꾸자꾸만 와, 전화가 펑 터질 것만 같아

몰라 몰라 숨도 못 쉰대, 나 때문에 힘들어 쿵 심장이 떨어진대
왜 걔 말은 나 너무 예쁘대, 자랑하는 건 아니고

아 아까는 못 받아서 미안해 친구를 만나느라 shy shy shy
만나긴 좀 그렇구 미안해 좀 이따 연락할께 later
조르지 마 얼마 가지 않아, 부르게 해 줄께 Baby
아직은 좀 일러, 내 맘 갖긴 일러, 하지만 더 보여 줄래
cheer up baby cheer up baby
좀 더 힘을 내 여자가 쉽게 맘을 주면 안돼, 그래야 니가 날 더 좋아하게 될걸
태연하게 연기할래 아무렇지 않게, 내가 널 좋아하는 맘 모르게
just get it together and then baby cheer up

(하략)

② 인연(이선희)

약속해요 이 순간이 다 지나고 다시 보게 되는 그 날
모든 걸 버리고 그대 곁에 서서 남은 길을 가리란 걸.
인연이라고 하죠, 거부할 수가 없죠.
내 생에 이처럼 아름다운 날 또다시 올 수 있을까요.
고달픈 삶의 길에 당신은 선물인걸.
이 사랑이 녹슬지 않도록 늘 닦아 비출께요.

절취선

취한 듯 만남은 짧았지만 빗장 열어 자리했죠.
맺지 못한데도 후회하진 않죠 영원한 건 없으니까.
운명이라고 하죠 거부할 수가 없죠.
내 생에 이처럼 아름다운 날 또다시 올 수 있을까요.
하고픈 말 많지만 당신은 아실 테죠.
먼 길 돌아 만나게 되는 날 다신 놓지 말아요.
이 생에 못다 한 사랑, 이 생에 못 한 인연
먼 길 돌아 다시 만나는 날 나를 놓지 말아요.

절
취
선

3장

글쓰기의 절차

1. 글쓰기의 과정

과거의 결과 중심 작문 이론에서는 글쓰기에서 정확성이나 문법, 수사학적 기법을 강조하였다. 그리고 글쓰기는 의미의 나열이며, 텍스트의 의미는 고정되어 있다고 보았다. 또한 글쓰기 능력은 모범적인 글을 모방하고, 반복적인 연습을 통해서 향상되는 것으로 보았다. 수정에 대해서도 부정적 입장이었으며, 수정은 초고가 완성된 후에야 이루어진다고 보았다.

그런데 1980년대에 발전한 인지주의 작문 이론에서는 글쓰기를 의미를 구성하는 행위이면서 개인적이고 사회적 행위이며, 자기 조정 행위로 파악한다. 그리고 글쓰기 과정은 문제를 해결하는 과정이라고 본다. 현대의 인지주의 작문 이론에서 제안하는 글쓰기 과정은 아래와 같은데, 좋은 글을 쓰기 위해서는 이 과정을 따를 필요가 있다.

계획하기		내용 생성하기		내용 조직하기		표현하기		고쳐하기
· 상황 맥락 분석하기 · 주제 정하기	→	· 글감 만들기	→	· 개요 작성 하기	→	· 독자 중심의 초고 작성 하기	→	· 글〉문단〉문장〉단어

각 단계에서 수행해야 하는 기능이나 전략에 대해 간단히 설명하기로 한다.

1) 계획하기: 글을 쓰기 전에 글을 쓸 준비를 하는 단계.

(1) 목적 설정 및 분석하기: 글을 쓰는 목적(정보 전달, 설득, 친교 및 정서 표현 등)을 분명히 인식한다.

(2) 주제를 분석하거나 설정하기: 주제를 명확히 인식 또는 설정한다. 또는 제목이나 대략적인 내용을 결정한다.

(3) 독자 설정 및 분석하기: 독자가 누구이며, 어떤 사람인지, 나에게 호의적인지 적대적인지 등을 분명히 안 다음에 글을 쓴다.

(4) 필자 분석: 주제, 독자에 비추어서 자신을 분석해 본다.

(5) 조건 분석하기: 작문 과제에서의 요구 사항(부가된 조건)을 살펴본다.

(6) 형식 고려하기: 운문 형식, 산문 형식을 정한다.

2) 내용 생성하기: 글을 쓰는 목적, 주제, 독자, 상황 등을 고려하여 아이디어를 떠올리고 수집하는 단계. 아이디어를 많이 끌어낼 수 있는 사람이 글을 잘 쓸 가능성이 높다. 글쓰기의 상당 부분을 이 아이디어 생성하기에 할애해야 한다.

(1) 아이디어 발견하기: 자료 수집 과정으로, 일차적으로는 자신의 배경지식을 활성화하여 글의 주제 또는 제목과 관련된 모든 아이디어를 찾아낸다.

(2) 내용 조정하기: 작문 계획과 생성한 내용을 비교·검토하여 생성한 내용을 수정·보완한다. 발견된 아이디어를 일정한 범주로 묶기, 비교와 대조, 유목화, 수정, 삭제, 첨가 등의 방법을 활용한다.

(3) 세부 내용 생성하기: 중심 내용과 그것을 뒷받침할 내용을 생성한다.

(4) 방법: 브레인스토밍, 열거하기, 이야기 나누기, 관련 자료 읽기, 검색해 보기, 경험해 보기 등등.

3) 내용 조직하기: 글의 형식적 응집성과 내용적 통일성을 높이는 역할을 하는 단계. 생성된 내용들 간의 관계를 파악하고 생성된 내용들을 적절히 배열하는 데에 도움이 된다. 글을 어떠한 구성으로 쓸 것인가를 파악하고 결정하는 데에도 도움을 준다. 필요에 따라 내용을 생성하기도 하고 수정하기도 한다. 다음과 같은 방법들이 유효하다.

(1) 다발짓기: 아이디어들을 관련 있는 것끼리 묶는 활동

(2) 생각 그물 만들기(mind-map): 중심 개념에서부터 관련된 아이디어를 시각적으로 표시해 나가는 활동

(3) 개요 작성: 글의 뼈대를 만드는 활동. 개요는 글의 전체적인 흐름을 말해 주는 것이므로 개요 작성은 조직적인 글을 쓰는 데에 매우 필요한 활동이다. 개요 작성은 자기가 쓸 글의 구조에 따라 개요를 작성하는 방식을 달리하면 초고를 훨씬 더 쉽게 써 내려갈 수 있다.

(4) 내용 전개의 일반적인 원리 고려하기: 글의 내용을 효율적으로 전개할 수 있다. 내용 전개의 일반적 원리는 아래와 같다.

① 시간적 순서의 원리: 시간의 흐름이나 시간의 전후에 따라 내용을 전개.

② 공간적 순서의 원리: 공간의 가까움과 멂이나 좌우에 따라 내용을 전개.

③ 논리적 순서의 원리: 일반적 전제와 구체적 사실 사이의 배열을 고려하여 내용을 전개. 연역법, 귀납법.

4) 표현하기: 생성한 내용과 조직을 고려하면서 예상 독자 중심으로 초고를 쓰는 단계. 초고는 완벽한 글이 아니므로 초고 쓰는 과정 중에도 내용을 새롭게 생성하고 조직하는 활동이 필요하다.

(1) 초고를 쓸 때는 예상 독자 중심으로 쓰되, 글씨나 맞춤법 등과 같은 요소보다는 의미에 초점을 두고 전체적인 흐름을 잡는 것이 중요하다.

(2) 초고를 쓸 때에는 앞에서 생성한 내용과 조직을 고려해야 한다.

(3) 초고를 쓰는 과정 중에도 내용을 새롭게 생성하고 조직하는 활동이 필요하다.

(4) 초고를 쉽게 쓰기 위한 방법에는 '쓸 내용을 말로 해보기(구두 작문), 내리쓰기, 컴퓨터 활용하기, 일반적인 수사학적 기법 활용하기, 본문부터 쓰고 앞과 끝 붙이기' 등이 있다.

5) 고쳐쓰기: 글쓰기의 일부로서, 글의 목적 중심으로 초고를 수정하는 단계. 단계상으로는 가장 마지막에 위치해 있으나 고쳐쓰기는 글쓰기의 여러 과정에서 모두 일어날 수 있다. 초고는 완성된 글이 아니므로 필요에 따라 수정과 조정이 가능한 가변적 글이라는 점을 명심한다. 고쳐쓰기에서 가장 중요한 활동은 글의 통일성과 응집성을 검토하는 것과 예상 독자 중심으로 고쳐쓰는 것이다.

(1) 고쳐쓰기의 종류

① 첨가: 내용을 덧붙임

② 삭제: 특정한 내용을 뺌

③ 대체: 그 위치에서 다른 내용으로 바꿈

④ 이동: 다른 곳으로 옮김

⑤ 재배열: 앞뒤 순서를 바꾸거나 몇 부분을 하나로 줄이거나 늘리면서 재구성함

(2) 고쳐쓰기의 순서

① 글 수준: 잉여적 또는 통일성을 어기는 부분의 삭제, 글의 제목 및 소제목의 첨가 또는 수정, 중요한 내용의 위치 조정 등.

② 문단 수준: 긴 문단의 구분, 내용의 배열 순서 조정 또는 내용 첨가, 주제문 및 중심 문장의 첨가 또는 수정, 연결어의 첨가 또는 수정 등.

③ 문장 수준: 상투어 또는 무의미어의 삭제, 연결어 및 지시어의 조정, 긴 문장의 구분, 피동문의 적절성 확인 등.

(3) 고쳐쓰기를 효과적으로 하는 방법에는 '훑어 읽기, 평가하기, 돌려 읽기, 소리 내어 읽기' 등이 있다.

글쓰기를 할 때 무작정 작성하는 것보다는 이런 절차를 따르면서 글을 작성하면 더 좋은 글을 쓸 가능성이 높다. 유의할 점은 각 단계가 고정된 순서대로 일어나는 것이 아니라, 글쓰기의 전 과정에서 회귀적으로 이루어지며, 상호 작용의 관계에 있다는 점이다. 이 과정들 중에서 특히, '내용 생성하기, 고쳐쓰기'에 많은 시간을 할애하여야 한다.

그런데 글쓰기에서는 이런 글쓰기 과정 외에도 쓰고자 하는 글의 장르적 특성도 고려해야 한다. 새로운 장르(genre) 이론에서, 장르는 사회적, 문화적, 역사적 상황 맥락 내에서 이루어지는 행위로 본다. 다시 말해, 각각의 장르는 고유한 글쓰기 관습을 가지고 있다는 것이다. 따라서 필자는 이러한 장르적 지식을 익히고 그것을 활용하여 글을 씀으로써, 그 장르를 매개로 하는 공동체와 효율적으로 의사소통을 할 수 있다.

2. 상황 맥락 분석하기

글쓰기는 구체적이고 일정한 상황 맥락 속에서 이루어지는 의미 구성 행위이다. 상황 맥락은 글의 생산과 수용 과정에 직접적으로 개입하는 맥락으로, '글의 목적, 예상 독자, 주제, 주제에 대한 필자의 태도, 글이 실리는 매체' 등을 포함한다. 이 상황 맥락은 글을 쓰는 전 과정에서 고려하여야 한다. 이 중에서 '글의 목적, 예상 독자, 주제'는 글쓰기 과정에 중요한 영향을 미치는 요소들이다.

먼저, 글의 목적은 구체적인 상황에 따라 다양할 수 있으나, 대체로 정보 전달을 위한 글, 설득(논리적 주장)을 위한 글, 친교 및 정서 표현을 위한 글로 나뉜다. 글의 목적에 따라 초점을 맞추어야 할 사항이 달라진다. 정보 전달을 위한 글쓰기인 경우 '객관성'에, 설득(논리적 주장)을 위한 글쓰기의 경우 '타당성'에, 친교 및 정서 표현을 위한 글쓰기의 경우 '진정성'에 초점을 두어야 한다.

다음으로, 예상 독자는 쓴 글을 읽게 될 독자를 필자가 분명히 인식할 수 있는 특정 독자와 쓴 글을 읽게 될 사람이 누구인지를 필자가 분명히 인식할 수 없는 가상 독자로 나눌 수 있다. 특정 독자를 예상 독자로 할 때에는, '예상 독자가 처해 있는 구체적 환경, 글의 주제와 예상 독자의 관계, 예상 독자와 필자의 관계, 필자가 작성한 글과 예상 독자의 관계' 등을 설정하고 분석한다. 가상 독자를 예상 독자로 할 경우에는 먼저 예상 독자의 범위와 실체를 최대한 구체적으로 추정하는 일이 필요하다. 이런 추정을 바탕으로 특정 독자를 예상 독자로 했을 때와 같은 방법으로 예상 독자를 분석한다. 예상 독자를 분석할 때에는 이외에도 예상 독자의 지식과 태도, 필요성 등도 고려할 필요가 있다. 글을 쓸 때에는 이런 예상 독자들의 요구를 분석하여 예상 독자와 머릿속에서 대화를 나누면서 글쓰기를 한다면 훨씬 좋은 글을 쓸 수 있다.

마지막으로, 글의 주제는 필자가 관심과 흥미를 가지고 있으며, 글로 표현하고 싶어 선택한 주제가 있고, 타인에 의해 주어진 주제가 있다. 글의 주제를 분석할 때는 두 경우 모두 주제에 대해 정의를 내리고, 주제를 넓은 맥락 속에서 검토할 필요가 있다.

다음 글은 수학의 일상적 유용성을 설파하는 책의 서문이다. 글을 읽으면서 필자가 어떤 목적으로 글을 썼는지, 어떤 독자들을 예상 독자로 설정했는지 파악해 보자.

수학과 담소를 나누며 친해지길……

수학과 관련된 일을 하면서 듣게 되는 가장 흔한 질문은 그 어려운 수학을 배워서 도대체 어디에 써먹느냐는 것이다. 중고등학교를 거치면서 복잡한 수식과 기호로 이루어진 난해한 수학을 배웠지만, 수학과 직접적으로 관련된 전공을 제외하고는 고등학교 졸업과 동시에 수학에 대한 레테의 강(망각의 강)을 건넜다는 푸념을 많이 들었다. 수학을 공부한 그 많은 시간에 차라리 다른 지식을 섭렵했더라면 훨씬 더 풍요로운 삶을 영위할 수 있을 것이라는 지론을 펴는 사람도 있었다.

이러한 수학 무용론을 제기하는 사람들에게 수학의 가치를 어떻게 설명해야 할지 궁색하기만 했다. 수학은 모든 과학의 기초가 되기 때문에 한 국가의 과학 수준은 수학 수준을 넘지 못한다는 '수학 국부론'을 이야기하기도 했다. 또 수학은 그 자체로도 중요하지만 수학 학습을 통해 길러진 사고 능력은 다른 분야의 학습에서도 소용될 수 있다는 수학의 '정신 도야적 가치'를 부각시켜 보기도 했다. 그렇지만 가장 설득력 있고 효과적인 방법은 수학이 얼마큼 쓸모 있는 학문인지, 또 우리가 미처 생각하지 못한 분야에서 얼마나 유용하게 활용되는지 예를 드는 것이었다.

그러한 취지 아래 생활 속에서 찾아볼 수 있는 수학에 대한 글을 일간 신문에 연재하기 시작했다. 일반 독자를 대상으로 하다 보니 내용상 수학적 엄밀성을 유지하기보다는 부담 없이 쉽게 이해될 수 있는 방향으로 글을 쓰게 되었다. 심오하고 우아한 수학을 끌어내려 일상화하다보니 대중에게 수학을 소개하는 것이 아니라 수학을 희화하는 것이 아닐까 하는 자괴감이 들기도 했다. 그러한 걱정 속에서도 글을 계속 연재할 수 있었던 것은 수학을 곡해하는 일이 발생하더라도 일반 독자에게 수학을 전파하는 것이 더 중요하다는 생각 때문이었다.

그 동안 일간 신문이라는 제약 때문에 담고 싶은 내용을 간단하게 축약해서 제시해야 하는 경우가 많았고, 그러한 아쉬움은 연재된 글을 보완하여 책으로 출판하자는 생각으로 이어졌다. 이 책이 중·고등학생은 물론 일반 대중과 수학을 연결시키는 가교의 역할을 할 수 있기를 바란다.

책의 내용은 가능한 한 평이하게 기술하려 했으나, 경우에 따라서는 수학적으로 심도 있는 내용이 나오기도 한다. 그런 부분은 〈심층〉으로 표시를 해 두었으니, 이 내용이 부담스러운 독자는 건너뛰어도 전체적인 이해에는 지장이 없을 것이다.

– 박경미, 『수학 비타민』, 중앙M&B, 2003.

글의 주제와 목적은? 필자는 수학 무용론에 맞서 수학 유용론을 펼치면서, 수학을 대중에게 전파하기 위해 이 책을 썼다. 글을 쓰게 된 주된 목적은 수학을 전파하는 '정보전달'이지만 그 외에 수학 유용론을 '설득'하는 것도 또 하나의 목적으로 삼고 있는 책이다. 그리고 필자는 이러한 목적을 성취하기 위해서 '수학 국부론', '수학의 정신 도야적 가치'를 이론적으로 그리고 추상적으로 제시하기보다는 실생활에서 얼마나 수학이 유용하게 활용되는지, 그 예들을 다양하게 제시하고자 했음을 알 수 있다.

예상 독자는? 수학에 흥미를 잃을 법한 중、고등학생들은 물론 수학 공부에 들인 시간을 아까워하면서 수학에 대한 "망각의 강"을 건넌 일반 대중을 독자로 설정했다. 이 글에서 설정하고 있는 예상 독자의 '지적 수준'은 최소한 소수가 무엇인지 정도는 알고 있는 독자이다. 그리고 예상 독자의 '태도'는 수학적 지식에 대해 식상해하거나 흥미를 잃고 있는 독자이다. 예상 독자의 '요구 또는 필요성'은 수학적 지식을 명확히 알고 싶어 하는 수험생이라기보다는 가벼운 흥밋거리를 찾는 데 관심이 있는 독자이다. 필자는 이와 같은 분석을 바탕으로 당연히 "수학적 엄밀성보다는 부담 없이 쉽게 이해할 수 있는 방향으로" 글을 쓰는 전략을 세웠다.

글을 싣는 매체는? 처음에는 일간 신문에 썼지만 보완하여 책으로 출판하게 되었다. 매체 상의 특성으로 일간신문에 실었을 때는 내용을 간단하게 축약해서 제시한 반면, 책으로 출판하면서는 내용을 좀 더 보완하고, 아예 〈심층〉이라는 란을 따로 설정하기까지 하였다.

이 글에서 분석한 상황맥락과 그에 대한 전략을 표로 보이면 아래와 같다.

글쓰기의 상황맥락		전략
글의 주제 및 목적 주제: 수학 유용론 목적: 정보 전달, 설득	→	**전략 1** 우리가 미처 생각하지 못한 분야에서 수학이 얼마나 유용하게 활용되는지 다양한 예 들기
예상 독자: 중고등학생, 일반 대중 • 지적 수준: 수학에 대해 초보적인 지식을 가지고 있음 • 태도: 수학의 유용성에 회의적임 • 필요성: 전문적 지식보다는 흥밋거리를 찾고 있음	→	**전략 2** 수학적 엄밀성을 유지하기보다는 부담 없이 쉽게 이해할 수 있는 방향으로 글을 씀
글의 매체: 신문과 책	→	**전략 3** • 신문에 연재할 때: 내용을 간단하게 축약해서 제시 • 책으로 출판할 때: 내용 보완, 〈심층〉란의 설정

이처럼 한 편의 글은 주제, 목적, 독자, 매체 등의 상황 맥락을 분석하는 데서 시작된다. 필자는 분석 결과에 따라 적절한 전략들을 세우고, 그 전략들에 입각하여 글을 쓰는 것이다. 즉, 상황 맥락을 분석한 결과와 이에 입각한 전략 설정에 따라 어휘 선택부터 글의 내용에 이르기까지 글쓰기의 전반적인 양상이 달라질 수밖에 없다. 그러면 이제 이 필자가 앞의 전략에 입각해 쓴 글 한 편을 읽어 보자.

스포츠 스타들의 등 번호

안정환은 19번

최희섭 19번, 안정환 19번, 마이클 조던 23번, 박찬호 61번.

이 번호들의 공통점은 바로 '소수'라는 점이다. 유명한 스포츠 선수들의 등번호는 소수인 경우가 많다. 소수는 영어로 prime number라고 하는데, prime에는 '중요한'이라는 뜻이 있기 때문에 prime player라고 하면 경기에서 중요한 역할을 하는 선수가 된다.

모든 자연수는 4=2×2, 6=2×3, 8=2×2×2, 9=3×3, 10=2×5와 같이 소수의 곱으로 나타낼 수 있다. 즉 소수는 자연수를 만드는 기본적인 재료가 된다.

스타급 플레이어들은 팀의 경기를 이끄는 원동력이 된다는 점에서 소수와 비슷한 성실을 지닌다고 할 수 있다.

소주의 판매 전략

소주 1병을 소주잔에 찰랑거리게 따르면 7잔이 나온다. 그러니 소주 1병을 두 사람이 나누면 3잔씩 마시고 1잔이 남고, 세 사람이 나누면 2잔씩 마시고 1잔이 남는다. 또 네 사람이 나누면 2잔씩 마시기에 1잔이 부족하다. 이는 7이 소수, 즉 1과 자신밖에는 약수가 없는 수이기 때문이다.

만일 한 병에서 8잔이 나오게 했다면 둘이나 넷이 마실 때 4잔 혹은 2잔씩 공평하게 마실 수 있다. 그런데도 굳이 7잔이 되게 한 것은 조금 남거나 조금 부족한 술로 인해 소주를 더 시키게 하려는 전략이 없지 않을 것이다.

메르센 소수

소수에 대한 연구는 아주 일찍부터 이루어졌다. 기원전의 수학자 유클리드는 이미 소수가 무한히 많다는 것을 증명하여 소수의 개수에 대한 궁금증을 해결했다. 소수는 무한히 많으므로 제일 큰 소수란 것이 존재하지 않는다는 것을 알면서도 사람들은 더욱 큰 소수, 새로운 소수를 찾으려는 노력을 계속해 왔다.

프랑스의 수학자 메르센(Mersenne)은 자신의 이름을 딴 '메르센 소수'라는 것을 만들었다. 2의 거듭제곱에서 1을 뺀 것이 소수일 때 이를 메르센 소수라고 한다. 제일 작은 첫 번째 메르센 소수는 $2^2-1=3$ 이고, 두 번째 메르센 소수는 $2^3-1=7$이다.

1963년에 미국 일리노이 대학에서는 23번째 메르센 소수를 발견했는데 이를 기념하기 위하여 '$2^{11213}-1$은 소수이다'라고 새긴 우편 스탬프를 찍기도 했다. 1997년에 발견된 36번째의 메르센 소수는 89만 5932자리의 수로, 출력하면 450쪽이나 된다. 또 1998년, 1999년에 각각 37번째와 38번째의 메르센 소수를 발견했으며, 2001년 12월에는 405만 3946자리의 39번째 메르센 소수를 발견했다.

암호를 만드는 데 사용되는 소수

수학자들은 왜 이렇게 큰 소수를 찾는 일에 관심을 쏟는 것일까?

소수를 찾는 것 자체가 수학적 의미를 지니기도 하지만, 오늘날 소수는 암호학에서 중요한 역할을 한다. 아주 큰 두 소수를 곱하여 합성수를 만들고, 그 합성수가 어떤 두 수의 곱인지 알아야 암호를 풀 수 있게 하는 것이다.

실제 풀리지 않는 암호는 존재하기 어렵기 때문에, 잘 만들어진 암호란 해독하는 데 시간이 오래 걸리는 것을 의미한다. 주어진 수가 어떤 두 소수의 곱인지 알아내기 위해서는 수퍼 컴퓨터를 돌려도 아주 오랜 시간이 걸린다. 따라서 소수를 이용한 암호는 정보가 노출되기까지의 시간을 효과적으로 지연시킬 수 있다.

나바호 인디언의 암호

2차 세계 대전 때 번번이 일본에게 암호를 해독당한 미국은 기괴한 나바호 인디언의 언어로 암호를 만든 뒤 기밀을 유지할 수 있었다. 당시 암호병으로 나바호 인디언들이 활약했음은 물론이며, 그 공로로 나바호 인디언들은 현재 가장 넓은 인디언 보호구역 안에 살고 있다.

현대의 수학자들은 금융거래, 신용 카드 사용, 사이버 쇼핑 등이 안전하게 이루어지도록 풀리지 않는 암호를 만들어내는 데 한 몫을 하고 있다. 이처럼 알게 모르게 우리의 삶에 기여하는 수학자들에게 마음속으로라도 갈채를 보내보면 어떨까?

– 박경미, 『수학 비타민』, 중앙M&B, 2003.

이 글은 처음('안정환은 19번', '소주의 판매전략')-중간('메르센 소수', '암호를 만드는 데 사용되는 소수')-끝('나바호 인디언의 암호')의 전형적인 구조를 갖추고 있다. 우선 처음 부분에서 소수에 대한 독자의 관심을 유도하고, 중간 부분에서 소수에 대한 수학적 지식과 암호학에서 소수가 갖는 의미를 제시하였으며, 끝 부분에서 수학자를 나바호 인디언에 비유하면서 그 사회적 공헌을 인정하자는 주장을 펼치고 있다.

그리고 각각의 부분에서 앞서 제시한 전략을 매우 효과적으로 구사하고 있다. 필자는 아마도 이 글을 읽는 독자가 수학에 대해 흥미를 되찾고, 수학적 지식을 갖게 되며, 나아가 수학의 유용성을 긍정하게 되기를 바랐을 것이다. 이와 같은 기대는 효과적인 상황 맥락 분석과 전략 수립 그리고 그에 따른 글쓰기로 인해 충분히 성취된 것으로 볼 수 있다.

연습 문제

1. 「스포츠 스타들의 등번호」에서 사용된 '전략1'과 '전략2'의 구체적인 모습을 찾아보자.

	「스포츠 스타들의 등 번호」
'전략 1'의 모습	
'전략 2'의 모습	

2. 다음 글을 읽고 필자가 상정한 예상 독자의 상을 그려보고 그것이 글쓰기에 어떻게 작용했을지 서술해 보자.

제4차 산업혁명은 이미 시작됐다

나는 '제4차 산업혁명은 무엇인가?', '무엇을 변화시킬 것인가?', '우리에게 어떤 영향을 끼칠 것인가?', 공익을 위해 이를 활용할 수 있는 방법은 무엇인가?'와 같은 질문에 답을 제시하는 제4차 산업혁명의 입문서로서 이 책을 집필했다. 이 혁명적인 변화를 통해 더 나은 세상으로 만들고자 노력하는 모든 이들을 위한 책이다. …

이 책의 1부는 총 세 개의 챕터로 구성되어 있다. 첫 번째 챕터에는 제4차 산업혁명의 개요를 담았고, 두 번째 챕터에서는 변화를 불러오는 주요 과학기술을 소개한다. 세 번째 챕터에서는 새로운 혁명의 영향과 정책적 도전을 깊이 있게 살펴본다. 그리고 2부에는 이 엄청난 변화를 가장 잘 수용하고 형성하며, 그 가능성을 최대화할 수 있는 방법에 관한 실용적 방안과 해법들을 제안한다.

– 클라우스 슈밥, 송경진 옮김, 『클라우스 슈밥의 제4차 산업혁명』, 새로운 현재, 2016.

절취선

3. 주제 정하기

주제란 글쓰는 사람이 표현하고자 하는 중심 생각을 가리키며, 글쓰기 과정이란 결국 이 중심 생각을 설득력 있게 표현하는 과정을 의미한다. 당연히 처음 설정한 주제가 명확하지 않다면 글쓰기 과정 역시 좌충우돌할 수밖에 없다. 그럼에도 대부분의 학생은 '주제 설정? 주제는 정해져 있는 것 아닌가?'라고 생각하며 그 중요성을 놓치는 경우가 많다. 이제까지 대부분의 글쓰기 경험이 과제물이나 시험에서 이미 제시된 주제에 대해 글을 쓰는 것이었기 때문이다. 그러나 주제를 스스로 설정해야 하는 경우도 많으며, 과제물이나 시험에서처럼 주제가 주어지는 경우에도 그 주제를 자신만의 관점에서 재해석하고 구체화하는 작업이 필요하다.

자유 주제로 글을 써야 하는 경우, 가장 먼저 해야 하는 것이 '주제 정하기'이다. 주제를 정할 때는 자신이 잘 알고 있는 분야, 흥미와 관심을 갖고 있는 분야를 고려하는 것이 좋다. 또한 글쓰기의 대상이 너무 막연하면 써야 할 내용이 구체적으로 떠오르지 않을 뿐더러 명확한 생각을 담는 것도 어렵다. 따라서 자신의 생각을 명확하게 서술할 수 있도록 주제의 범위를 좁혀 구체화하는 것이 좋다. 여기서 처음 떠올리는 글쓰기의 막연한 대상, 즉 넓은 주제를 '가주제'라 하며, '글 쓰는 이의 판단이나 주장을 포함하고 있는 주제'를 '참주제'라 한다. 가주제의 범위를 좁혀 구체적이고 명확한 참주제를 정하기 위해서는 가주제와 관련된 배경 지식은 물론 다양한 관련 자료를 탐색하면서 생각을 가다듬는 과정도 필요하다. 그래야 가주제와 관련된 다양한 사실이나 의견을 바탕으로 의미 있는 판단을 내릴 수 있기 때문이다.

일반적으로 가주제는 정해져 있지만 참주제는 정해져 있지 않은 경우가 많다. 글을 쓰기 위해서는 가주제의 범위를 좁혀 자신의 판단이나 주장 등을 담을 수 있는 참주제를 정해야 한다. 예를 들어 교양과목 시간에 '현대사회와 미디어'라는 주제로 리포트를 써야 하는 경우를 생각해 보자. '현대사회와 미디어'는 글쓴이의 판단이나 주장이 담겨져 있지 않은 가주제에 해당한다. 인터넷이나 스마트폰 등에 따른 언어생활의 변화에 관심이 있다면 '미디어 발전에 따른 언어의 창조적 진화 현상'을, SNS(Social Network Services)에 관심이 있다면 'SNS를 통한 현대사회 여론 형성 과정의 잠재적 위험성'등으로 주제의 범위를 좁힐 수 있다.

주제를 설정할 때 지켜야 할 원칙

- 자신이 잘 알고 있는 것을 주제로 설정한다.
- 자신이 흥미와 관심을 갖고 있는 것을 주제로 설정한다.
- 가주제의 범위를 좁혀 주제를 구체화한다.
- 참주제는 가능한 한 글쓴이의 판단이나 주장을 담아야 한다.

일반적으로 주제 설정하기는 '가주제 정하기 → 가주제의 범위 좁히기 → 참주제 정하기'의 과정을 거친다. 대학신문에 자유 주제로 한 편의 칼럼이나 수필을 쓰는 경우를 생각해 보자. 우선 가주제부터 정하고 그 범위를 좀 더 좁혀 나가야 한다. 한 예로 '대학생의 여가 생활'이라는 가주제를 설정했다고 하자. 써야 할 내용을 생성하기에 이것만으로는 부족하다. 따라서 다음과 같은 과정을 거쳐 가주제의 범위를 좁히는 과정이 필요하다. 다양한 과정이 가능할 텐데, 여기서는 하나의 예로 '대학생의 여가 생활이 빈곤한 이유'로 범위를 좁히는 경우를 생각해 보자.

주제 설정 단계	대학 신문에 실을 칼럼
1단계 : 가주제 정하기	• '대학생의 여가 생활'

2단계 : 가주제의 범위 좁히기	• 대학생 여가 생활의 빈곤함 • 대학생 여가 생활의 양상들 • 대학생 여가 생활의 조건들 → 대학생 여가 생활의 빈곤함
3단계 : 참주제 정하기	• 경제적인 어려움과 취업 준비로 인한 대학생 여가 생활의 빈곤함

참주제를 정한 후에는 자신이 드러내고자 하는 주제를 문장 형식으로 작성해 보는 것도 좋다. 중심 생각을 다시 한 번 정리할 수 있어 글의 중심 내용을 명확하게 하는 데 도움이 된다. '경제적인 어려움과 취업 준비로 인한 대학생 여가 생활의 빈곤함'이라는 참주제에 해당하는 주제문의 예로 "대학생의 여가 생활이 빈곤한 이유는 학비 마련, 취업 준비 등을 동시에 하면서 생활하기 때문이다."를 들 수 있다.

연습 문제

3. 다음 글에 적절한 가주제와 참주제를 말해보자.

경쟁의 본질은 한 명 혹은 극히 일부만의 승리를 위해 우리 중 누군가는 반드시 패배해야 한다는 점이다. 그렇다고 경쟁 우위에 선 사람들이 마냥 행복하기만 한 것도 아니다. 경쟁 과정에서 발생하는 심리적 어려움은 어떻게 극복해야 하는지, 추구해야 할 바람직한 가치는 무엇인지, 친구와 이웃 그리고 공통체와의 소통을 위해 어떤 노력을 해야 하는지 등을 내면화하기 위한 시간을 우리 교육은 살인적인 경쟁에 내어주어 버렸다. 경쟁이 필요하지 않다는 것은 아니다. 하지만 경쟁이 필요한 만큼 협력도 필요하며, 경쟁의 축 못지않게 협력과 상생의 축 또한 우리 삶의 근간을 이루어야 한다. 협력 학습으로 성공한 핀란드의 예가 그것을 잘 드러내 준다. 물론 530만 인구, 조세 부담률, 사회 구조 등에서 우리와 차이가 큰 핀란드의 경우와 우리나라를 단순 비교할 수는 없다. 다만, 경쟁 일변도가 아니라 협력 학습을 통해 의미 있는 성취를 이루어냈다는 점은 중요하게 참고할 필요가 있다. 나아가 우리 아이들이 경쟁에서 이기기 위한 공부가 아니라 자신의 꿈과 이웃 그리고 이 세계의 행복을 위하여 공부할 수 있도록 배려해야 한다. 그 속에서 자신이 어떤 역할을 할 것이며, 어떻게 노력해야 할 것인가를 고민하도록 해야 한다.

– 최미숙, 「경쟁사회와 거북이들」, 『아시아경제』, 2011.05.20.

가주제	
참주제	
주제문	

절취선

4. 예시된 가주제 대한 참주제, 주제문을 작성하여 빈칸을 채우거나, 평소에 흥미를 갖고 있던 문제에 대하여 가주제, 참주제, 주제문을 작성하여 빈칸을 채워 보자.

가주제	참주제	주제문
인터넷 문화		
청년실업		
세계화와 민족주의		
인구 노령화 현상		

절취선

4. 글감 만들기

주제문이 정해지면 본격적으로, 그 주제를 전개하는 데 필요한 글감을 찾거나 만드는 과정, 즉 '내용 생성하기'에 들어가야 한다. 물론 이는 논리적인 차원에서 설정된 순서이다. 실제 글을 쓰는 과정에서는 '주제 정하기'와 '내용 생성하기'가 거의 동시에 이루어질 수도 있기 때문이다. 논증을 중시하는 학술적인 글의 주제를 정해야 할 경우, 기존의 지식과 경험만으로는 주제를 설정하기 어렵기 때문에 다양한 관련 자료를 찾아 읽어보아야 한다. 이 경우 주제를 설정하는 작업은 내용을 생성하는 작업과 거의 동시에 이루어질 수밖에 없고, 주제와 글감 모두 상호작용하는 과정에서 수정을 거치게 된다.

글감이 많을수록 실제 집필 과정으로 들어갔을 때 손쉽고 풍부하게 글을 구성하고 표현할 수 있다. 따라서 브레인스토밍, 자유롭게 쓰기, 대화하기, 토론하기, 자료 찾기와 읽기 등 글감을 마련하는 다양한 방법을 알고 적절하게 활용할 필요가 있다.

1) 브레인스토밍 혹은 자유롭게 쓰기

- 주제와 관련하여 떠오르는 내용들을 단어 혹은 문장 형태로 자유롭게 메모한다. 이후 관련 있는 내용끼리 모으고 불필요한 내용들을 버리는 범주화 작업을 통해 글감을 만든다.
- 비교적 가볍고 일상적인 주제 혹은 자신의 경험 내용과 관련 있는 주제에 활용하면

효과적이다.

2) 대화하기 혹은 토론하기

- 토론하기를 통해 견해 차이를 분명히 할 수 있으며, 반박 과정에서 그동안 생각하지 못한 논거를 찾아내거나 자신의 주장을 정교화하는 데에도 도움을 얻을 수 있다. 주로 의견이 갈리기 쉬운 논쟁적인 주제에 사용하면 효과적이다.
- 대화하기는 보편적인 주제나 시사적인 주제에 효과적이다.

3) 자료 찾기와 읽기

- 본격적인 글쓰기 작업에서 가장 중요시해야 할 방법으로 특히 학술적 주제의 글감을 마련할 때 효과적이다.
- 책, 논문, 신문 기사, 인터넷 검색 등을 통해 가능한 한 다양한 자료를 찾아 읽는다. 그 과정에서 자연스럽게 주제, 글감, 글의 개요가 정리되는 경우가 많다.
- 모든 자료를 정독하겠다는 생각을 버리고 자료의 중요성에 따라 '훑어 읽기'와 '찾아 읽기' 방법을 통해 효율성을 높인다.
- 주요 내용을 메모할 때 자료의 출처를 명기해 두어야 한다. 집필 과정에서 출처를 밝히거나 해당 자료를 다시 확인해 보아야할 경우가 많기 때문이다.

'일상의 행복'이라는 주제로 짧은 에세이를 써야 하는 경우와 '검열의 문제점'이라는 주제로 리포트를 작성해야 하는 경우를 가정해 보자. 첫 번째의 경우 '브레인스토밍' 혹은 '자유롭게 쓰기' 방법에 따라 일상생활에서 행복했던 기억을 자유롭게 기록하면서 자연스럽게 글감을 마련할 수 있을 것이다. 평소 생활에서 자신이 행복하다고 느꼈던 순간들을 메모해 보고 관련 내용을 모으고 범주화하면서 자신이 어느 순간에 행복감을 느끼는지, 그것이 자신의 삶에 어떤 의미가 있는지 등을 중심으로 글감을 마련할 수 있다.

리포트를 작성해야 하는 두 번째의 경우, 브레인스토밍이나 토론하기·대화하기 등의 방법보다는 다양한 자료를 찾아 읽으면서 글감을 마련하는 것이 효율적이다. 예를 들어 다음 글을 살펴보자.

> 인간의 상상력과 창작의 자유를 옥죄는 '금기', '심의', '검열' 등의 행위는 오랜 역사적 연원을 가지고 있다. 그 역사 속에서 검열은 주로 권력이나 기득권을 가진 자가 아래 사람을, 통치자가 대중을 손쉽게 장악하는 방법으로 활용되어 왔다. 『검열에 관한 검은 책』(에마뉘엘 피에라 외 지음, 권지현 옮김, 알마, 2012)을 보면, 검열이라는 용어의 기원은 기원전 로마 시대까지 거슬러 올라간다. 고대 중국에서도 기원후 300년에 사전 검열 제도를 만든 것으로 알려져 있다. 카를 5세가 만들었다는 '위험한 서적 목록', 교황 비오 4세가 만든 신자가 읽어서는 안 되는 '금서 목록' 등은 모두 검열을 통해 권력을 유지하고 종교를 보호하며 인간의 도덕성을 통제하기 위한 것이있다.

글쓴이는 검열을 다루고 있는 서적을 찾아 읽으면서 내용 생성에 도움을 얻었다. 검열의 역사적 연원을 살펴보면서 검열이 '권력의 유지', '종교 보호', '인간의 도덕성 통제' 등과 밀접한 관련이 있다는 지식을 얻게 되었다. 그리고 그러한 내용을 주제를 전개하기 위한 중요한 글감으로 활용하면서 글이 풍부해졌다. 그리고 이러한 자료는 우리 사회에서 검열이 어떤 역할을 하는지, 나아가 검열이 어떤 문제점을 만들어내는지 등에 대한 내용을 생성하는 데에도 중요한 역할을 할 수 있다.

서적 이외에도 논문, 신문기사, 통계 자료 등 공신력 있는 자료를 검색하여 활용할 때 주제에 필요한 여러 글감을 생성해 낼 수 있을 것이다. 대학 도서관 사이트에 링크되어 있는 DBPIA, KISS 등의 학회지 원문 검색 사이트에 들어가 관련 논문을 찾아 읽을 수 있다. 또한 국립중앙도서관 전자도서관, 각 신문사 사이트 등에서 검색을 통해 주제에 대한 전반적인 지식과 글감을 얻을 수 있다.

자료 찾기에 유용한 사이트

한국교육학술정보원 학술연구정보서비스 http://www.riss.kr: 전국 대학 도서관 자료 및

학술 논문 검색

국사편찬위원회 한국역사정보통합시스템 http://www.koreanhistory.or.kr: 한국사 관련 자료 검색

각 대학교 도서관(예: 원광대학교 중앙도서관) http://elibrary.wku.ac.kr

국립중앙도서관 http://www.nl.go.kr/nl: 각종 학술자료 검색

국가전자도서관 http://www.dlibrary.go.kr: 국내 주요 도서관 자료 통합 검색

한국언론재단 미디어 포탈 사이트 http://www.kinds.or.kr: 신문기사 검색

통계청 http://www.kostat.go.kr: 각종 통계자료 검색

문화체육관광부 http://www.mcst.go.kr: 문화, 체육, 관광 관련 정보 및 자료 검색

연습 문제

5. 다음 〈가〉~〈마〉 자료는 「2017 국민 독서실태 조사」 보고서 내용 중 일부이다. 이 자료를 이용하여 '학생의 독서실태'라는 가주제를 발전시켜 참주제를 설정해 보고 그 주제를 표현하는 데 활용할 수 있는 글감을 마련해 보자.

〈가〉 종이책+전자책 종합 독서량

- 종이책과 전자책을 포함한 성인의 연간 종합 독서량은 9.4권으로 종이책 독서량(8.3권)에 비해 다소 높은 수준이며, 연령이 낮을수록, 학력과 소득이 높을수록 독서량이 많은 것으로 나타남.
- 학생의 종이책과 전자책을 포함한 연간 종합 독서량은 34.3권으로 종이책 독서량이 압도적으로 많은 초등 학생의 종합 독서량이 가장 높게 나타남. 중고등학교에 진학하면서 대학 입시 준비 등의 영향으로 독서량이 급격히 감소하는 것으로 분석됨.

〈나〉 독서시간

- 성인의 독서시간(종이책+전자책)은 평일 23.4분, 주말 27.1분으로 평일과 주말의 차이가 크지 않은 반면, 학생의 독서시간은 평일 49.4분, 주말 68.1분으로 성인보다 약 2배 이상 많음.
- 평균 독서율, 독서량의 감소에도 불구하고 독서시간이 증가한 것은 비독서자를 제외한 독서자의 독서시간이 증가했기 때문으로 분석됨. 성인 종이책 독서자의 독서시간은 2년 전 대비 평일은 32.9분에서 38.5분으로, 주말은 34.4분에서 42.7분으로 증가함. 학생의 경우 종이책과 전자책을 함께 읽는 초·중·고생의 독서시간은 2년 전보다 평일 약 10분(56.1분 → 66.3분), 주말 약 14분(81.8분 → 95.4분) 증가함.

〈다〉 독서의 계기

- 주로 어떤 계기로(어떤 때) 책을 읽게 되는지 알아본 결과, 성인은 '스스로 읽고 싶어서'(36.7%), '자기계 발을 위해서'(18.7%) 자발적으로 읽는 비율이 '직장 업무(대학생은 과제)에 필요해서'(7.3%) 등 비자발적 계기보다 훨씬 큰 것으로 나타남.
- 초·중·고 학생은 '학교 숙제나 독후감을 쓰기 위해'(28.1%), '스스로 읽고 싶어서'(25.6%) 책을 읽는다는 응 답이 가장 높게 나타남. 주변에 책이 있거나 주변 사람의 권유도 독서 계

기가 됨. 독서량이 많은 학생일수록 '스스로 읽고 싶어서' 독서한다는 자발적 독서 비율이 높게 나타남.

【표 2-27】 독서의 계기(학생)

(단위 : %)

			사례수(명)	학교 숙제나 독후감을 쓰기 위해	스스로 읽고 싶어서	주변에 책이 있어서	드라마, 영화의 원작을 읽고 싶어서	부모님이 권해서	선생님이 권해서	방송 등 대중매체 소개로	친구가 권해서	도서관 행사에 참여하려고	기타
전체			**3,110**	**28.1**	**25.6**	**11.1**	**9.5**	**9.1**	**4.3**	**3.0**	**2.8**	**2.5**	**3.8**
학교급	초등학교		926	25.7	24.7	15.4	5.9	14.1	3.6	1.2	1.6	2.2	5.4
	중학교		1,023	26.2	22.2	11.3	12.2	10.1	5.4	3.3	3.1	2.2	3.6
	고등학교		1,160	31.6	29.3	7.5	10.1	4.1	3.8	4.3	3.6	3.0	2.6
학교급 * 성별	초등학교	남	473	23.9	20.8	18.2	5.5	17.3	3.9	0.8	1.0	2.3	6.0
		여	453	27.5	28.8	12.4	6.4	10.8	3.3	1.7	2.1	2.1	4.7
	중학교	남	530	28.6	19.0	12.3	9.2	11.8	7.0	2.5	2.8	3.1	3.4
		여	493	23.7	25.7	10.3	15.3	8.3	3.7	4.2	3.5	1.3	3.8
	고등학교	남	603	29.6	29.1	9.1	7.9	6.8	4.0	2.8	4.2	3.7	2.8
		여	557	33.8	29.5	5.7	12.5	1.2	3.6	5.9	3.0	2.3	2.4
연간 독서량 (종이책)	없음(전자책 읽음)		51	31.0	18.5	5.4	11.3	6.8	11.1	4.2	1.9	5.0	5.0
	1~5권		985	33.2	20.7	7.9	10.9	7.6	5.0	4.2	3.7	3.2	3.4
	6~10권		570	32.5	26.1	7.9	9.5	6.8	4.5	4.2	2.9	2.2	3.4
	11~15권		225	28.8	29.0	11.2	8.9	6.6	3.8	4.0	2.4	2.9	2.4
	16~20권		233	22.5	28.9	13.1	11.1	10.6	3.5	1.4	3.0	1.3	4.6
	21~99권		686	23.5	27.7	15.7	7.9	12.0	3.3	1.6	2.7	1.7	3.7
	100권 이상		276	16.5	34.8	16.8	7.5	10.9	2.8	1.1	1.1	1.4	7.0
	무응답		83	25.5	18.6	11.2	10.4	15.2	6.3	1.3	0.4	8.0	1.5

* Base : 독서자 기준 ** 무응답 0.2%

〈라〉 독서 장애 요인

- 평소 책 읽기를 어렵게 하는 요인으로 성인은 '일 때문에 시간이 없어서'(32.2%)라는 응답이 가장 많았으며, 이어서 '휴대전화 이용, 인터넷 게임을 하느라'(19.6%), '다른 여가활동으로 시간이 없어서'(15.7%) 등의 순으로 나타남.
- 학생은 '학교나 학원 때문에 책 읽을 시간이 없어서'(29.1%)라는 응답이 가장 많았으며, 다음으로 '책 읽기가 싫고 습관이 들지 않아서'(21.1%), '휴대전화, 인터넷, 게임 하느라 시간이 없어서'(18.5%) 등의 순으로 나타남.
- 성인의 경우 '일 때문에 시간이 없어서'라는 응답은 성별로 남성, 학력별로 고학력일수록 높게 나타남. 학생의 경우 '학교나 학원 때문에 책 읽을 시간이 없어서'라는 응답은 학교급별로 고등학생층에서 상대적으로 높게 나타남.

절취선

〈마〉 도서 선호 분야

- 성인의 종이책 선호 분야는 '문학'(23.7%), '장르소설'(13.0%), '취미, 오락, 여행, 건강'(10.9%), '철학, 사상, 종교'(10.3%) 순으로 나타난 반면, 전자책 선호 분야는 '장르소설'(34.6%)과 '문학'(16.4%)이 가장 많아 종이책에 비해 '장르소설' 선호도가 높은 것으로 나타남.
- 중·고등학생이 선호하는 분야는 '장르소설'(30.3%), '문학'(17.3%), '연예, 오락, 스포츠, 취미, 여행'(9.9%) 등의 순으로 높게 나타남. '장르소설'과 '연예, 오락, 스포츠, 취미, 여행' 분야는 고등학생보다는 중학생의 선호도가 상대적으로 높게 나타남.
- 초등학생이 선호하는 분야는 '소설'(19.7%), '위인전, 인물 이야기'(12.2%), '취미'(10.6%), '역사'(10.4%) 등의 순임. '소설'과 '동화' 분야는 여학생, '역사', '연예, 오락, 스포츠', '과학' 분야는 남학생의 선호도가 높게 나타남.

【표 2-35】 도서 선호 분야(중·고등학생)

(단위 : %)

			사례수(명)	장르 소설	문학	연예, 오락, 스포츠, 취미, 여행	과학, 기술, 컴퓨터	직업, 취업과 관련된 책	자기 계발서	예술, 문화	역사, 지리	철학, 사상, 종교	정치, 사회, 시사	경제, 경영
전체			**2,183**	**30.3**	**17.3**	**9.9**	**7.4**	**5.9**	**5.4**	**4.6**	**4.5**	**3.4**	**3.3**	**2.3**
학교급	중학교		1,023	31.9	16.3	12.2	6.8	4.8	4.0	5.6	5.8	2.5	2.0	1.7
	고등학교		1,160	28.9	18.2	7.9	7.9	6.9	6.6	3.7	3.5	4.2	4.3	2.8
학교급 * 학년	중학교	1학년	324	31.6	15.6	12.4	6.6	4.3	3.2	5.8	8.3	2.1	2.3	1.5
		2학년	327	31.3	15.9	13.9	7.6	4.6	4.7	5.7	5.1	3.1	1.9	1.2
		3학년	373	32.7	17.2	10.5	6.2	5.4	4.1	5.3	4.1	2.3	1.9	2.4
	고등학교	1학년	375	29.1	18.1	8.5	7.8	6.4	7.0	3.7	4.3	3.0	4.1	2.6
		2학년	417	28.4	18.7	7.6	8.3	7.5	5.9	3.8	3.3	5.0	4.1	3.1
		3학년	368	29.3	17.8	7.7	7.6	6.6	7.1	3.7	2.8	4.5	4.8	2.7
연간 독서량 (종이책)	없음(전자책 읽음)		41	32.6	18.3	12.0	2.8	9.0	2.5	4.9	3.6	2.8	4.6	3.6
	1~5권		896	30.6	14.4	12.4	6.6	6.8	5.5	5.3	3.9	3.3	3.0	2.4
	6~10권		508	28.8	20.6	8.1	9.4	6.3	5.7	5.2	3.9	2.9	2.7	2.3
	11~15권		196	30.3	19.2	5.5	8.6	4.7	6.1	3.5	7.3	3.9	3.8	2.0
	16~20권		171	28.5	17.4	10.5	8.0	5.8	4.5	3.4	4.5	4.0	4.3	2.8
	21~99권		258	32.3	20.0	8.3	6.8	3.8	5.5	3.0	6.1	2.8	3.0	1.4
	100권 이상		45	36.9	19.4	5.9	5.3	0.3	3.8	2.9	7.3	5.8	1.6	1.3
	무응답		69	29.0	13.1	9.8	3.5	4.2	4.6	4.8	2.7	6.9	7.9	3.9

* Base : 독서자 기준(중·고등학생) ** 응답률 2% 이하 생략

절취선

【표 2-36】 도서 선호 분야(초등학생)

(단위 : %)

			사례수(명)	소설	위인전, 인물 이야기	취미	역사	연예, 오락, 스포츠	동화	과학	그림책	예술	철학, 논리
전체			926	19.7	12.2	10.6	10.4	9.6	9.1	6.9	5.3	2.7	2.6
성별	남		473	16.3	12.9	10.2	13.0	12.5	6.7	10.1	5.3	1.3	3.2
	여		453	23.3	11.4	11.1	7.7	6.6	11.7	3.6	5.3	4.2	2.0
학교급 * 학년	초등학교	4학년	305	13.2	12.9	11.8	8.6	9.2	12.0	9.3	6.7	2.4	2.1
		5학년	302	20.6	12.4	9.8	12.7	9.0	8.0	6.6	4.8	3.1	2.8
		6학년	319	25.1	11.3	10.3	10.0	10.6	7.4	5.0	4.5	2.7	3.1
연간 독서량 (종이책)	없음(전자책 읽음)		10	10.5	13.1	15.6	14.0	10.7	2.8	5.6	16.6	5.2	0.0
	1~5권		89	14.0	10.6	13.2	6.9	12.0	9.4	6.5	8.7	2.9	1.5
	6~10권		62	20.7	10.4	7.6	10.7	13.7	11.1	4.7	6.8	2.1	0.4
	11~15권		29	24.3	10.1	10.2	4.6	10.5	12.6	6.4	6.3	4.3	1.1
	16~20권		62	16.4	12.9	9.7	9.4	10.5	12.6	6.5	5.8	3.6	2.2
	21~99권		428	19.8	13.0	11.7	11.0	9.7	8.4	7.2	4.5	2.7	2.7
	100권 이상		231	22.6	11.6	9.0	11.3	7.1	8.4	7.7	4.1	2.5	4.2
	무응답		14	14.2	16.0	5.7	10.7	11.2	16.3	2.1	10.4	2.0	0.5

* Base : 독서자 기준(초등학생) ** 응답률 2% 이하 생략

(1) 다음 항목별로 학생 관련 내용을 간단하게 요약하고, 문제점 혹은 대안이 있을 경우 메모해 보자.

항목	요약	문제점 혹은 대안
독서량		
독서 시간		
독서의 계기		
독서 장애 요인		

절취선

도서 선호 분야		

(2) 〈가〉~〈마〉 자료를 분석하여 자신이 쓸 글의 가주제와 참주제를 자유롭게 설정해 보자.

가주제	
참주제	

(3) (2)에서 설정한 참주제로 글을 작성할 때 사용할 수 있는 글감을 「2017 국민 독서실태조사」 전문이나 다른 자료에서 찾아 메모해 보자.

글감 메모

절취선

6. '주제 정하기'의 연습문제 4번에서 작성한 참주제(주제문)으로 글을 쓴다고 가정하고 여러 자료를 조사하여 글감을 만들어보자.

글감 메모

절취선

5. 개요 작성하기

개요란 주제가 설정된 후 글감이 마련되면 그에 따라 정리된 생각들을 구분하여 논리적으로 배열해 놓은 것으로, 본격적인 글을 쓰기 전에 주제와 관련하여 떠오르는 생각들 서로간의 관계를 보여준다. 개요를 작성하는 목적은 독자와 필자의 입장에 따라 서로 다르다. 필자의 입장에서 개요를 작성하는 목적은 자기 생각을 정리하여 예상되는 글 전체의 균형과 통일성 및 긴밀성을 확보하려는 데 있다. 한편, 독자의 경우에는 자신이 읽은 글에 대한 핵심적 의미와 구조를 알아보거나 논지 전개상의 잘못된 점을 파악하는 데 그 목적이 있다.

사실 우리는 필자의 입장이 되어 개요를 작성하는 것에 비해 독자의 입장에서 타인의 글의 개요를 파악하는 작업에 더 익숙해있다고 볼 수 있다. 초등학교부터 고등학교에 이르기까지 국어 수업 가운데 읽기 과정에서 우리가 했던 활동들이 주로 유명인의 글을 읽고 단락별로 요지를 찾아낸 후 이를 연결해 글의 전체 줄거리를 정리하고 주제를 파악하는 과정이었다. 여기서 단락별로 정리된 요지를 각각 나열하면 바로 그것이 개요가 되는 것이다. 그런데 이렇게 오랜 기간에 걸쳐 독자의 입장에서 개요를 파악하는 활동을 해왔으면서도 막상 타인의 글 한 편을 앞에 두고 개요를 정리해보라고 하면 쉽게 느껴지지는 않는다. 이는 그동안의 국어 수업에서 타인의 글을 읽고 자발적으로 단락을 나누고 그에 대한 요지문을 만들기보다는 이른바 자습서 혹은 참고서라 불리는 책에 의존하여 기존 연구자들이 분석해놓은 개요를 대입하는 식으로 공부해왔기 때문이다. 짧은 글이라도 다른 사람이 쓴 글을 읽고 나서 직접 제목과 주제문을 작성해보고 그에 따른 개요를 파악해보는 훈련을 몇 번만 해보면 독자의 입장에서 개요를 작성하는 작업은 의외로 쉽게 이루어지며, 이를 통해 글 전체의 줄거리를 쉽게 요약 정리할 수 있게 된다.

반면 필자의 입장에서 개요를 작성하는 일은 독자의 경우보다는 더 노력을 필요로 한다. 글쓰는 작업 자체가 무(無)에서 유(有)를 창조해내는 활동이므로 이는 당연한 것이지만, 특별히 개요는 주제에 따라 떠오르는 생각들을 관련되는 것끼리 묶고 그 묶음들 간의 위계질서를 잡아나가야 하는 과정이기 때문에 상당한 논리력과 사고력을 필요로 한다. 단순히 '서론 - 본론 - 결론'의 3단 구성만으로 끝나는 것이 아니라 본론 안에서 몇 개의 하위 범주를 설정해 결론으로 나아갈 것이며, 그 하위 범주 별로 세부 항목에 대한 논의 전개는 어떠한 방식으로, 몇 가지의 논거나 예시를 들어가며 할 것인지에 대해 구체적인 고려를 하면서 개요를 짜야 한다.

이제부터는 본격적으로 필자의 입장에서 개요를 작성하는 요령과 실제에 대해 공부해 보도록 한다. 필자의 입장에서 개요를 작성할 때는 다음과 같은 세 가지 단계를 거쳐 완성하는 것이 좋다.

첫째, 자신이 쓰고자 하는 내용들을 명사구 혹은 문장 형태로 정리한다. 간략한 요점만을 명사구 형태로 정리할 수도 있고, 하나의 완성된 문장으로 정리할 수도 있다. 전자를 화제식 개요 후자를 문장식 개요라고 한다. 이 두 가지 방식의 장단점을 살펴보면 화제식은 내용의 요점을 간명하게 제시할 수 있는 장점이 있지만 생각을 길게 나열할 수 없고, 문장식은 구체적으로 생각을 풀어낼 수 있어 좋지만 한 개의 문장으로 끊어 생각의 중점을 잡아주는 화제식에 비해서는 역시 단락의 요지가 선명하게 파악되지 않는다는 단점이 있을 수 있다. 중요하게 기억해야 할 점은 이러한 두 방식의 차이을 고려하여 어느 쪽을 선택해도 상관은 없지만, 일단 어느 한 방식을 택하면 일관되게 그 방식으로만 개요를 작성해나가야 한다는 사실이다. 이 점이 이론적으로는 별로 어렵게 느껴지지 않지만 실제 개요를 작성하는 과정에서 의외로 학생들은 이 부분에서 상당히 실수를 많이 한다. 개요를 짜는 과정에서 그 내용적 위계에만 몰두한 나머지 형식적 조건을 잊어버리는 것이다. 그래서 글쓰는 과정에서 마지막에서 고쳐쓰기(퇴고)의 과정을 꼭 거쳐야 하듯이 개요 작성에 있어서도 마지막에 자신이 작성한 개요의 처음부터 끝까지를 소리 내서 한 번 읽어볼 필요가 있다.

둘째, 자기가 쓰고자 한 내용의 묶음들을 서론-본론-결론에 들어갈 항목으로 분류하여 배치한 후, 다시 각 항목들을 내용상의 관계에 따라 위계화한다. 대개 서론에는 글에서 다룰 내용을 소개하는 성격의 항목들을 배치하고, 본론에는 핵심되는 주장이나 중심 내용과 이를 드러내기 위한 근거나 예시 항목들을 넣는다. 그리고 결론에는 글 전체를 요약, 강조하거나 결론적 주장에 해당하는 항목들을 배치한다. 이렇게 서론 – 본론 – 결론의 세 범주 안에 항목들이 배치된 후에는 각각의 범주별로 항목들을 위계화하는 과정으로 들어간다.

여기서 서론과 결론의 경우에는 글 전체에서 차지하는 분량이 많지 않고 그에 따라 배치된 항목의 수도 적은 것이 일반적이라, 항목들의 선후 관계만 주의해서 연결해주면 생각보다 쉽게 위계화가 지어진다. 그러나 본론의 경우는 서론과 결론에 비해 상대적으로 많은 분량을 차지하며 세부 항목의 숫자도 많아 위계화를 위해서는 글의 주제와 관련하여 논리적 사고를 충분히 발휘해야 한다. 먼저 필요하다면 단락을 일차원적으로 나열하는 데서 그칠 것이 아니라 상위 항목과 하위 항목으로 나누어 본론 안에 하위 범주를 만들 필요가 있다. 하위 범주는 글의 주제와 전체 길이, 그리고 항목의 수를 고려하여 몇 개를 만들든 필자의 재량이지만 일반적인 글에서는 두 개나 세 개 정도를 두는 것이 보통이며, 네 개 이상 넘어가게 되면 글의 구성이 복잡한 느낌을 주게 되어 오히려 역효과를 낼 수도 있으니 주의해야 한다. 하위 범주가 확정되면 각 범주마다 중심항목과 뒷받침 항목간의 관계와 배열을 정하고 시간상의 흐름이나 논리의 흐름에 따라 하위 범주 내의 항목들이나 그 배열을 확정지어야 한다.

셋째, 이상의 과정이 끝나면 마지막으로 검토의 과정을 거쳐 각 항목을 재배치할 필요가 있는지 살펴보아야 한다.

지금까지 개요 작성의 요령을 살펴보았으니 이제 개요 하나를 예로 들어 그 작성 과정을 실제로 체험해보도록 하자.

제목: 학부제의 폐해를 보완한 새로운 학과제 시스템의 모색

주제문: 학부제는 장점에 비해 단점이 많으며 특히 인문학의 경우에는 그 피해가 심각하므로, 기존의 학과제를 기본으로 하되 학부제의 장점을 학과제에 결합시킨 새로운 학제 시스템이 모색될 필요가 있다.

개요:

1. 학부제, 학과제의 개념과 시행 과정의 배경 검토

2. 학부제의 장점과 단점

(1) 교수 - 학문 연구 측면에서

① 이공계 학문에서 학제간 연구의 증대 효과(장점)

② 전공 선택권의 강조로 인한 연구 분위기 위축(단점)

③ 대학교육에서 필수적인 인문학의 소멸 위기 증대(단점)

(2) 학생 - 학습 활동 측면에서

① 다양한 전공 선택의 기회 확보와 교양 영역에 대한 충분한 지식 습득(장점)

② 전공 심화 영역에 대한 학습 기회 제한(단점)

③ 폐강 혹은 분반으로 인한 학습 분위기 위축 및 학사 행정 낭비(단점)

④ 소속감 결여로 인한 자퇴 및 휴학의 증가(단점)

3. 학과제를 기본으로 한 새로운 학제 시스템의 모색

(1) 학과제를 기본 학제로 해야 하는 이유

① 교수와 학생간의 교류 증진에 따른 학생의 학과에 대한 만족도 증가

② 전공에 대한 심도 깊은 연구에 따른 교수의 연구와 강의 능력 향상

③ 학과 만족도와 교수의 강의 능력 향상에 따른 학생의 학습 능력 향상

④ 학제간 연구를 위한 제도적 시스템 보완 가능

(2) 새로운 학제 시스템의 도입

① 학과제를 기본으로 하면서 학제간 연구가 가능한 시스템 개발

② 단과대학이나 기존의 학부 단위에 의거한 연구팀 구성과 지원

③ 학생의 복수전공이나 부전공 기회를 최대한 보장하는 보완책 제시

4. 이공계와 인문사회학, 의약학 계열의 각 특성에 맞는 학제와 연구 시스템 개발을 위한 선택적, 탄력적인 제도 정착에의 노력

위의 개요를 보면 앞에서 설명한 두 가지 방식 중 화제식을 선택한 것임을 쉽게 알 수 있다. 3장이나 4장 부분에서 항목의 길이가 긴 내용이 많아 화제식으로 정리하기가 쉽지 않을 수 있었는데, 끝까지 문장식으로 돌리지 않고 화제식을 잘 지켜 나갔다. 1장은 서론, 4장은 결론에 해당하는데 한 개의 단락 정도로 서술하면 될 분량의 내용으로 간단하게 정리했다. 본론의 경우는 2장과 3장으로 나누고 하위 범주까지 설정함으로써 제법 긴 분량

의 글쓰기를 위한 개요를 완성했다.

이러한 경우 글의 주제에 따라 2장과 3장의 경우는 대등한 내용으로 전개될 수도 있고 2장의 내용을 바탕으로 하여 3장으로 발전해가는 형태를 띨 수도 있는데, 이 개요는 후자의 사례라고 볼 수 있다. 만약 이 글의 주제가 '학부제의 폐해를 보완한 새로운 학과제 시스템의 모색'이 아니라 학부제와 학과제의 장단점을 비교하여 학과제를 선택하는 방향으로 정해졌다면, 아마 2장과 3장을 각각 학부제의 장단점과 학과제의 장단점을 살펴보는 방식으로 대등하게 전개한 후 4장에서 학과제를 선택하는 쪽으로 결론을 내리게끔 개요를 작성했을 것이다. 그런데 이 글은 학부제의 장단점을 살펴본 뒤 그 단점을 강조하는 방향으로 2장을 기술하고, 그 연장선으로 3장에서는 학과제를 기본으로 하되 학부제의 장점을 보충하는 새로운 학제 시스템에 대한 내용을 서술하고 있다. 이렇듯 이 개요에서는 2장과 3장이 대등한 연결이 아니라 2장의 내용을 통해 3장으로 발전해가는 형태를 띠고 있다.

또한 2장은 대학의 양 주체라고 할 수 있는 교수와 학생의 입장에서 하위 범주를 설정하여 학부제의 장단점을 살피는 방식으로 개요를 작성함으로써 어느 한 주체의 입장만 고려하는 게 아닌 공정한 시각을 견지했음을 보여주었고, 그러면서도 교수와 학생 입장에서 살펴본 학부제의 장, 단점에 있어 장점을 한 가지씩 보여주면서도 나머지는 단점을 제시하여 학부제에 대한 필자의 입장이 부정적임을 적절히 드러냈다. 또한 3장의 하위 범주는 학과제가 대학 학제의 기본이 되어야 하는 이유에 대해 충분히 항목을 나열한 후, 학부 제의 장점을 학과제에 보충하는 형태로 새로운 학제 시스템 마련을 하기 위한 구체적인 방법을 모색하는 내용으로 항목을 짜고 있어 필자가 학부제에 대한 부정적 입장만을 강조하는 것이 아니라 대학 발전을 위한 새로운 학제 시스템에 대한 대안을 진정으로 모색하고 있음을 여실히 나타내었다. 지금까지의 분석에서 살펴본 바에 의거하면 위의 개요는 서론과 결론이 간명하게 제 기능을 하고, 2장과 3장의 연결 과정과 하위 범주의 설정이 매우 짜임새 있어 필자의 주장이 적절히 반영된 설득력 있는 개요라고 볼 수 있겠다.

연습 문제

7. 일간지나 인터넷 신문에 실린 여러 가지 형태의 글 중에 한 편을 골라 읽고, 독장의 입장에서 개요를 작성해 보자.

개요	
주제	
주제문	
서두	
본문	
결말	

절취선

8. 다음 주제 중 하나를 선택해 가능한 구체적으로 개요를 작성한 후 그 개요에 따라 초고를 써 보자.

인터넷 문화, 청년 실업, 세계화와 민족주의, 학교 폭력, 인구 노령화 현상, 교육 평준화

개요	
주제	
주제문	
서두	
본문	
결말	

절취선

6. 서술하기

서술하기의 방법은 일반적으로 묘사, 서사, 설명, 논증으로 나눈다. 이 네 가지를 일컬어 '기술 방식'이라고도 하는데, 묘사와 서사는 일반적으로 문학적인 글에 많이 쓰이며, 설명과 논증은 사실 관계를 논하는 비문학적인 글에서 자주 활용된다. 이러한 차이에 의거하여 묘사와 서사, 설명과 논증으로 따로 묶어 서술하는 경우도 있지만, 여기서는 각각 개별적인 기술 방식에 대해 서술하고자 한다.

1) 묘사

묘사란 대상을 빛깔, 감촉, 소리, 냄새 등의 감각적 인상을 중심으로 서술하여 독자들이 그 대상을 감각적으로 체험하게 해 주는 기술 방식이다. 묘사는 크게 설명적 묘사와 문학적 묘사로 나눌 수 있다. 설명적 묘사는 정보 전달의 한 방편으로 대상의 객관적 특성을 감각적으로 기술하는 방식이며, 문학적 묘사는 문학적 체험을 목적으로 하여 대상의 주관적 인상까지도 감각적으로 기술하는 방식이다. 그러나 이는 편의 상 나눈 양 극단이고 실제로는 설명적 묘사와 문학적 묘사 사이에 다양한 스펙트럼을 가진 묘사가 있을 수 있다.

어떤 장면을 한 장의 사진을 보는 것처럼 묘사하는 글이 있다고 하자. 차라리 사진으로 찍어 보여주는 것이 나을 듯한 이러한 설명적 묘사는 왜 필요한 것일까?

(가) 초승달이 밝게 떠 있었는데, 여느 때와 마찬가지로 달의 뾰족한 양쪽 끝이 동쪽으로 기울어져 있었다. 그런데 갑자기 위쪽 끝이 둘로 갈라지면서 그 한 복판에서 타는 듯한 횃불이 솟아올라 화염과 함께 작렬하는 석탄 덩이와 섬광을 흩뿌렸다.

– 칼 세이건, 《코스모스》, 사이언스 북스, 2004, 149쪽.

(가)는 1178년 6월 25일 영국의 수도사가 달과 작은 혜성이 충돌하는 것을 맨눈으로 보고 그 장면을 묘사한 역사적 기록이다. 목격자는 자신의 진술 내용이 진실임을 맹세하고 가능한 한 객관적으로 그 광경을 묘사했다. 사진기 같은 장치가 없었던 시대에 설명적 묘사는 사실을 구체적이고 감각적으로 전달하는 중요한 수단이었다. 설명적 묘사가 아니라면 독자들은 대상을 단지 개념적으로만 이해할 수 있을 뿐 간접적으로도 체험하기 어려웠을 것이다.

다음 글은 문학적 묘사의 예이다.

(나) 무진에 명산물이 없는 게 아니다. 나는 그것이 무엇인지 알고 있다. 그것은 안개다. 아침에 잠자리에서 일어나서 밖으로 나오면, 밤사이에 진주해 온 적군들처럼 안개가 무진을 뻥 둘러싸고 있는 것이었다. 무진을 둘러싸고 있는 산들도 안개에 의하여 보이지 않는 먼 곳으로 유배당해 버리고 없었다. 안개는 마치 이승에 한(恨)이 있어서 매일 밤 찾아오는 여귀(女鬼)가 뿜어 내놓은 입김과 같았다. 해가 떠오르고, 바람이 바다 쪽에서 방향을 바꾸어 불어오기 전에는 사람들의 힘으로써는 그것을 헤쳐 버릴 수가 없었다. 손으로 잡을 수 없으면서도 그것은 뚜렷이 존재했고 사람들을 둘러쌌고 먼 곳에 있는 것으로부터 사람들을 떼어놓았다.

– 김승옥, 「무진기행」, 『김승옥 소설전집1』, 문학동네, 2001.

(나)는 주인공이 '무진'의 안개를 묘사하는 부분이다. 이른 아침에 무진을 휩싸고 있는 안개를 '밤사이에 진주해 온 적군들', '이승에 한(恨)이 있어서 매일 밤 찾아오는 여귀(女鬼)가 뿜어 내놓은 입김'으로 비유하는가 하면, 해와 바람이 안개를 걷어내기 전까지는 사람들의 힘으로써는 헤쳐 버릴 수 없는 대상으로 서술하고 있다. 이 글은 '안개'라는 대상에 대한 객관적 묘사라기보다는 '안개'에서 받은 주관적 인상을 표현한 묘사로 볼 수 있다. 따

라서 (나)의 목적은 인간의 힘으로서는 감당할 수 없는 어떤 압도적 존재, 외부 상황으로부터 나를 단절시켜 한 치 앞도 보지 못하게 만드는 존재로 안개를 묘사하는 것이며 독자 역시 그것을 느끼도록 하는 것이다. 이처럼 문학적 묘사의 주된 목적은 객관적 묘사와 더불어 고유의 주관적 인상을 제시함으로써 문학적 감동을 얻게 하는 데 있다.

설명적 묘사든 문학적 묘사든 좋은 글을 쓰기 위해서는 다음 몇 가지 점에 주의할 필요가 있다. 첫째, 대상을 섬세하게 관찰해야 한다. 대상을 섬세하게 관찰하지 않으면 대상에 대해 피상적으로만 묘사할 수 있을 뿐, 생동감 있는 묘사는 하기 어렵다. 둘째, 관찰을 통해 얻은 감각적 자료를 생동감 있게 표현하기 위해 다양하고 참신한 표현 능력을 갖추어야 한다. 우선 다양한 어휘력을 갖추고 그 중에서 적절한 어휘를 찾아 쓰도록 노력해야 한다. 또한 적절한 비유를 사용하는 연습을 해야 한다. 비유를 사용할 때 주의할 점은 가능한 한 참신해야 한다는 점이다. 셋째, 공간적 배치나 시간적 흐름 혹은 대상의 특성에 따라 일정한 기준을 정하고 그에 따라 차례대로 묘사한다면 보다 전체적이고 종합적으로 묘사할 수 있다.

연습 문제

9. 묘사할 때의 주의점에 유의하여, 눈이 내린 정경이 구체적으로 드러나도록 다음 글을 이어 완성해 보자.

아침 일찍 집을 나서니 어젯밤부터 밤새 내린 눈이 집 앞을 가득 메우고 있었다. 하지만 아직도 멀었다는 듯 하늘에선 눈이 계속 펑펑 내리고 있었다. 학교 가는 버스는 어디에서 멈춰 버렸는지 아무리 기다려도 오지 않았다. 수업에 지각할 것이라는 걱정도 잊은 채 내 눈앞에 펼쳐진 하얀 눈 천지를 넋을 빼앗긴 채 바라보았다.

절취선

10. 다음 중 하나를 선택하여 묘사문을 써 보자.

원광대학교 캠퍼스, 우리 동네, 우리 집, 나의 친구, 인상적이었던 장소나 대상

절취선

2) 서사

서사란 사건, 즉 어떤 인물이나 사물이 주체가 되어 행한 '행동'이나 그들에게 '발생한 일'의 진행 과정을 서술하는 기술 방식이다. 서사는 정보 전달의 한 방편으로 사건의 진행 과정을 객관적으로 기술하는 '설명적 서사'와 사건의 진행과정에 대한 관찰자의 감정, 윤리적 평가 등을 제시하면서 문학적 감동을 노리는 '문학적 서사'로 양분되고 그 중간에 다양한 스펙트럼이 있을 수 있다. 또한 서사는 기사, 논증, 설득, 역사 기록, 자서전 등 다양한 글에서 이용되며, 문학적 서사는 문학뿐만 아니라 영화, 연극, 드라마 등 다양한 예술 장르의 기초가 된다.

다음은 신문기사, 논증적인 글, 소설 속에서 나타나는 서사의 예이다. 다음 글에서 서사가 주는 효과가 무엇일지 주목하며 읽어 보자.

〈가〉

BBC가 손흥민(26, 토트넘 핫스퍼)의 독일전 골을 올해의 장면 중 하나로 꼽았다.

영국 BBC는 19일(한국시간) 손흥민의 2018년 러시아 월드컵 조별리그 독일전 골을 올해의 장면 중 하나로 선정했다. BBC는 크리스마스를 맞이해 '재림절 달력(24개의 숫자가 적힌 달력)'이라는 이름으로 전 종목을 망라한 올해의 장면을 하루 하나씩 공개하고 있다.

후반 추가 시간 3분 김영권(광저우 에버그란데)의 골로 1대0으로 앞선 상황.

다급해진 독일은 골키퍼 마누엘 노이어가 골문을 비우고 달려 나왔다. 하프라인을 넘어선 노이어를 주세종(아산)이 막아섰고, 주세종은 독일 골문을 향해 공을 찼다.

누구도 잡기 어려울 거라는 생각이 드는 순간 손흥민의 폭발적인 질주가 시작됐다. 손흥민은 독일 골문 앞에서 공을 잡았고, 빈 골문에 가볍게 밀어 넣었다. 공식 기록은 후반 추가 시간 6분.

BBC가 "노이어는 어디로 갔을까?"라고 말한 장면이다.

– 김동욱, 「'손흥민의 독일전 골' BBC 올해의 장면 선정」, 『노컷뉴스』, 2019.1.7.

〈나〉

웨스트 텍사스 앤드루스 고등학교에 다니는 1학년 캘리 스마트는 인기 있는 응원단원이다. 뇌성마비를 앓아서 휠체어를 타고 다녀야 했지만, 응원단원으로서 캘리의 열정은 꺾이지 않았다. 캘리는 2군 경기 때 사이드라인 쪽에서 미식축구 선수들과 관중을 열광케 했다. 하지만 시즌이 끝나면서 응원단에서 방출되는 신세가 되었다.

일부 응원단원과 학보모들의 촉구로, 학교 관계자는 캘리에게 응원을 준비하면서 다른 단원처럼 다리 일자로 뻗기와 공중회전을 비롯해 엄격한 체조훈련을 해야 한다고 말했다. 응원단장의 아버지는 캘리의 응원단 활동에 반대하는 의견을 이끌었다. 캘리의 안전이 우려된다는 이유였다. 그러나 캘리의 어머니는 캘리가 박수갈채를 받는 데 분노해서 반대한다고 생각했다.

캘리의 이야기는 두 가지 질문을 던진다. 하나는 공정성 질문이다, 캘리가 응원단원으로서 자격을 갖추려면 반드시 체조를 해야 하는가? 아니면 캘리의 장애를 생각할 때, 그것은 부당한 요구인가?

– 마이클 샌델, 『정의란 무엇인가』, 김영사, 2009, 259쪽.

〈다〉

개천 둑에 이르렀다. 외나무 다리가 놓여 있는 그 시냇물이다. 진수는 슬그머니 걱정이 되었다. 물은 그렇게 깊은 것 같지 않지만, 밑바닥이 모래흙이어서 지팡이를 짚고 건너가기가 만만할 것 같지 않기 때문이다. 외나무 다리는 도저히 건너갈 재주가 없고…… 진수는 하는 수 없이 둑에 퍼지르고 앉아서 바짓가랑이를 걷어 올리기 시작했다.

만도는 잠시 멀뚱히 서서 아들의 하는 양을 내려다보고 있다가,

"진수야, 그만두고, 자아, 업자."

하는 것이었다.

"업고 건느면 일이 다 되는 거 아니가. 자아, 이거 받아라."

고등어 묶음을 진수 앞으로 내민다.

진수는 퍽 난처해하면서 못 이기는 듯이 그것을 받아 들었다.

– 하근찬, 「수난이대」, 하정일 엮음, 『하근찬 선집』, 현대문학, 2011.

〈가〉를 읽다보면 마치 축구 중계를 보는 것처럼 2018 월드컵 독일전 후반 추가 시간에 손흥민이 골을 넣기까지의 과정을 알게 되고, 〈나〉를 읽는 과정에서 캘리가 계속해서 응원단으로 남는 것이 옳은가, 방출되는 것이 옳은가를 질문하게 되며, 〈다〉를 읽다보면 아버지와 아들의 행동에 코끝이 찡해져 온다. 왜 그러한가? 〈가〉는 어떤 일이 벌어졌는가를 객관적으로 전달하기 위해, 〈나〉는 윤리적 행위란 무엇인가를 증명하기 위해, 〈다〉는 문학적 감동을 위해 '서사'가 사용되었고, 세 편의 글 모두 그 각각의 목적을 효과적으로 달성하고 있기 때문이다. 요컨대 '서사'라고 하면 문학을 떠올리곤 하는데, 사실상 다양한 종류의 글에서 사용하고 있는 것이며 그만큼 반드시 익혀야 할 필수적인 기술 방식이라 할 수 있다.

설명적 서사든 문학적 서사든 좋은 글을 쓰기 위해서는 다음 몇 가지 점에 주의해야 한다. 첫째, 핵심적 사건 중심으로 기술하되, 사건의 흐름을 눈에 보이듯이 생생하게 그려내어 독자들이 그 상황을 느낄 수 있도록 해야 한다. 설명적 서사인 (가)의 경우, 독일전 후반 추가 시간에 독일 골키퍼가 골문을 비우고 달려 나온 상황에서 주세종이 공을 찼고, 손흥민이 그 공을 잡아 골문에 밀어 넣기까지의 '핵심적 사건'을 생생하고 현장감 있게 표현하고 있다.

둘째, 시간적 선후 관계뿐만 아니라 인과관계 역시 고려해야 하며 처음–중간–끝 혹은 기승전결의 이야기 구조를 갖추어야 한다. 서사가 되기 위해서는 최소한 두 가지 이상의 사건이 존재하고 그 사건들이 인과적으로 연결되어야 한다. 그리고 각각의 사건은 일정한 기복〔처음(발단)–중간(전개–절정)〕을 거쳐 끝(결말)에 이름으로써 하나의 완결된 스토리를 형성해야 한다.

(가)는 처음–중간–끝의 구조를 가지고 있고, (나)는 중간이 다시 전개와 절정으로 구별되는 구조를 갖고 있으며 아직 결말, 즉 끝에 이르지는 않은 상태이다. (나)의 경우 결말은 사람들이 어떤 선택을 하느냐에 따라 달라질 것이고 인간들에 의해 어떤 행위가 선택되어 채워질 때 하나의 완결된 서사를 이루게 될 것이다. (나)는 서사가 하나의 완결된 구조를 갖추어야 한다는 점을 매우 효과적으로 이용한 글이다. 일반적으로 인간은 서사가 어떻게 끝이 나는가를 알고 싶은 강한 욕망을 갖고 있는데, (나)는 이를 이용하여 결말을 비워둔 채, 어떤 행위로 채워지는 것이 옳은가에 대한 논증 내지 설득으로 나아가고 있다. 그 결과

이야기의 끝을 보고 싶은 욕망이 강렬한 만큼 독자는 그 물음에 몰두하게 되는 효과를 얻고 있다. 이처럼 윤리적 선택의 문제를 논증하거나 설득할 때 서사는 매우 효과적인 수단이 될 수 있다.

셋째, 인물, 사건, 배경 그리고 시점에 유의해야 한다. 실제로 발생한 사건을 서술하는 설명적 서사의 경우 사건, 인물, 배경에서 핵심적인 것은 무엇일지, 어떤 시점이 가장 효과적일지를 한번쯤 생각하고 메모한 후 서사문을 작성하는 것만으로도 많은 효과를 거둘 수 있다. 더 나아가 문학적 묘사의 경우는 좀 더 의식적일 필요가 있다. 실제적인 것이 아니라 가공의 것을 창조하는 작업이기 때문이다. 예를 들어 문학적 서사인 (다)의 경우 무엇보다 중요한 것은 인물, 사건, 배경의 개연성과 시점의 정확성일 것이다. '과연 그럴 수 있을까', '시점은 정확한가'등에 대해 질문하면서 인물, 사건, 배경, 시점을 설정하고 사건을 기술한다면 훨씬 좋은 서사문을 쓸 수 있을 것이다. 덧붙여, 사건들을 기술하는 순서가 반드시 시간적 선후관계에 따라야 하는 것은 아니고 필요에 따라서는 시간적 순서를 뒤바꿀 수 있다는 점도 유의해 두자.

연습 문제

11. 대화, 묘사, 설명 등의 방법을 사용하여 다음 글을 좀 더 상세한 서사문으로 고쳐 써 보자.

웨스트 텍사스 앤드루스 고등학교에 다니는 1학년 캘리 스마트는 인기 있는 응원단원이다. 뇌성마비를 앓아서 휠체어를 타고 다녀야 했지만, 응원단원으로서 캘리의 열정은 꺽이지 않았다. 캘리는 2군 경기 때 사이드라인 쪽에서 미식축구 선수들과 관중을 열광케 했다. 하지만 시즌이 끝나면서 응원단에서 방출되는 신세가 되었다.

절취선

12. 자신이 겪어온 삶을 바탕으로 자서전, 수기 등 한 편의 서사문을 써 보자.

(1) 자신의 삶을 제재로 한 편의 서사문을 쓴다고 가정하고 다음 빈칸을 채워 보자.

인물	외면	
	내면	
사건		
배경		
시점		

절취선

(2) (1)의 내용을 바탕으로 한 편의 서사문을 써 보자.

절취선

3) 설명

'설명'이란 말 그대로 어떤 대상이나 사실에 대해 자세히 서술함으로써 독자가 그 내용을 보다 쉽게 이해할 수 있도록 하는 기술 방식이다. 주로 설명문과 같은 글의 형식에서 자주 쓰이지만, 글 전체가 아닌 부분 부분에서 활용되는 양상까지 넓게 살펴보면 모든 글의 형식에서 설명의 기술 방식은 그 활용도가 매우 높다고 할 수 있다. 논리적 사고 능력이 가장 발달해야 하는 기술 방식이 논증이라면, 설명은 그에 비해 논리적 사고에 대한 부담이 상대적으로 적으며, 문학적인 글에서도 때로 독자가 잘 모르는 대상이나 사실에 대해서 설명해 주어야 할 때가 있기 때문에 그 활용도가 크다고 생각된다.

설명의 기술 방식에는 여러 가지 하위 범주가 존재하는데, 대개 설명에 대해 서술할 때는 이 하위 범주별로 서술해나가는 것이 일반적이다. 설명의 하위 범주에는 '정의''예시''비교''분류''분석'의 다섯 가지가 있는데, 지금부터는 이 다섯 가지 방식에 대해 차례로 알아보도록 하자.

'정의'는 독자가 잘 알지 못하는 대상을 설명하기 위해 그 대상이 속하는 더 큰 범주를 설정하고, 그 안에서 설명할 대상만이 다른 것들과 구별되어 독특하게 갖는 특징을 찾아내어 이를 문장화하는 설명 방식이다. 예를 들면 "심리학이란 생물체의 의식 현상과 행동을 연구하는 학문 체계를 말한다."와 같은 문장에서 정의되는 대상은 '심리학'이며 그 정의되는 대상이 포함된 상위 범주는 마지막의 "학문 체계"이고, "생물체의 …… 연구하는" 부분이 상위 범주에 속하는 여러 가지 다른 대상과 달리 정의되는 대상만이 지닌 독자적인 특징을 서술한 내용이다.

'예시'는 주지하다시피 핵심적인 내용을 설명하고자 할 때 이를 이해하기 쉽게 예를 들어 설명하는 방식이다. "식물의 각 부분, 즉 뿌리, 줄기, 잎, 꽃, 열매가 하는 일은 모두 다르다. 예를 들어 뿌리는 물을 흡수하고 영양분을 저장하며 식물을 고정시키는 역할을 하고, 잎은 광합성을 통해 영양분을 만들며 기공을 통해 물이 수증기로 증발하게 하고 공기의 출입이 가능하게 한다."와 같은 문장을 보면 식물의 각 부분이 하는 서로 다른 역할에 대해 뿌리와 잎의 경우를 예로 들어 자세히 설명하는 것을 볼 수 있다. 즉 어떤 사항에 대해 앞 문장에서 단정을 내렸는데 그것이 어렵다고 생각될 때 바로 뒤의 문장에서 "예를 들어 본다면"등의 표현을 이어주면서 그에 해당하는 대상 중 한 두 개를 들어 자세히 서술함으로써 앞 문장의 이해에 도움을 주는 방식인 것이다.

'비교'는 두 가지 이상의 대상들이 지닌 특징을 서로 견주어 살피는 설명 방식인데, 여기서 가장 중요하게 기억해야 할 점은 비교의 대상이 공통점이 전혀 없을 경우에는 비교 자체가 성립되지 않는다는 사실이다. 학생들에게 비교할 대상을 선정해보라고 하면 완전히 다른 두 대상을 두고 차이점만을 나열하는 것을 쉽게 보게 된다. 이는 비교가 아니다. 비교는 공통적 기반을 가진 대상들이 지닌 차이점을 찾아냄으로써 대상들 서로의 관계를 분명히 정립시키는데 목표가 있기 때문이다. '호랑이'를 '사자'와 비교하여 "호랑이와 사자는 같은 맹수이지만 호랑이는 산에서 살며 동양적인 이미지를 지닌데 반해 사자는 초원에서 살며 서양적인 이미지를 지닌다"라고 서술하거나, '호랑이'를 '토끼'와 비교하여 "호랑이와 토끼는 같은 포유류이지만 호랑이는 육식동물이며 토끼는 초식동물이다"라고 비교할 수는 있다. 그러나 생물인 '호랑이'를 무생물인 '침대'와 비교하는 것은 전혀 공통점이 없어 무의미하다고 하겠다.

비교의 방법에 있어서는 비교 대상들 간에 공통된 기준을 몇 가지 설정할 수 있을 만큼 각 대상의 설명이 복잡성을 띨 때는 비교 기준별로 대상을 하나하나 비교하는 것이 좋고, 비교 기준을 정할 필요가 없이 짧은 내용일 경우는 대상별로 특징을 각각 서술하는 것이 좋다. 또한 비교 대상을 기술할 때는 균형을 갖추어 서술해야 하며 비교와 예시의 설명 방법을 동시에 사용하여 기술하면 효과적이라는 점도 기억해두면 좋겠다.

'분류'는 대상을 일정한 기준에 따라 몇 묶음으로 나누어 설명하는 방식으로, 그 예를 들어보자.

> 한국문학은 전승 방식에 따라 일단 구비문학과 기록문학으로 나뉘며, 기록문학은 다시 어떤 문자로 기록되었는가에 따라 한문학과 국문문학으로 나뉜다. 또한 구비문학과 한문학은 대개 더 이상 분류되지 않으나 국문문학의 경우는 연구 대상이 되는 역사적 시기에 따라 고전문학과 현대문학으로 다시 분류되는 것이 일반적이다.

위의 글에서는 '한국문학'이 '전승 방식''기록 문자''연구 대상의 시기'등의 기준에 따라 몇 단계로 분류되는 양상을 보여준다. 분류에 의한 설명 방법에는 한 개념을 몇 개의 하위 개념으로 나누어 비교 검토하는 방식도 포함된다. 예를 들어 언어의 일반적 성질을 설명하면서 이를 기호성, 체계적인 성질과 규칙성, 사회적 구속성과 역사적 변화성 등의 하위 개념으로 나누어 설명할 경우 이 역시 분류의 방식을 적용한 것으로 볼 수 있다.

마지막으로 분석의 방법인데, 이는 앞서 기술한 다른 설명 방식에 비해 좀 더 복잡한 형태의 글에서 글 전체에 걸쳐 사용되는 설명 방법이다. 어떤 대상을 분석할 때는 분석 대상이 다른 대상들과 맺는 관계망이나 분석 대상 내 구성 요소 간의 관계망을 파악하고, 분석의 차원을 결정하는 일이 필요하다. 분석 대상의 차이에 따라 분석 방법도 차이를 두어야 한다. 이에 따라 분석은 '공간적 차원의 분석' '어떤 일을 하는 순서로의 과정 분석' '어떤 대상이 작동하는 원리에 대한 분석' '인과 분석' 등으로 나누어진다. 정의, 예시, 비교, 분류의 설명 방식들이 비교적 짧은 형태로 글에서 부분적으로 기능하는 설명 방법인데 반해, 분석은 글 전체를 통괄해서 기능하는 설명 방법인 경우가 많아 논문 등에서 활용도가 크다고 할 수 있다.

연습 문제

13. 설명의 하위 범주 가운데 '정의' '예시' '비교' '분류' 네 가지 경우의 예를 짧은 글 형태로 작성해보자.

① 정의

② 예시

절취선

③ 비교

④ 분류

절 취 선

4) 논증

논증은 아직 명백하지 않은 사실이나 원리에 대해 자신의 의견을 분명히 밝힘으로써 다른 사람을 설득하기 위한 기술 방법이다. 이를 위해서는 주장에 일관성이 있어야 하고 분명한 논거를 제시하여 주장의 타당성을 확보해야 하며, 근거를 들어 결론에 이르는 과정까지가 확실한 논리성에 바탕을 두어야 한다. 논증을 하기 위해서는 자신의 주장만을 내세워서는 곤란하며 자신과 다른 입장을 지닌 타인의 주장을 꼼꼼히 조사하고 면밀하게 분석하여 그 타당성을 선입견 없이 바라보는 태도가 필요하다. 그 이후 타인의 주장이 가지고 있는 장, 단점과 일관성, 타당성, 논리성을 따져본 후 비판할 점을 찾아내어, 자신의 주장이 타인의 주장보다 옳다는 사실을 독자에게 납득시켜야 한다.

논증이 제대로 이루어지기 위해서는 강한 추론(推論)이 있어야 한다. 추론이란 전제를 바탕으로 해서 타당한 결론을 이끌어내는 과정으로 대표적으로 귀납법과 연역법이 있는데, 이 두 가지 추론 방법에 대해 자세히 알아두는 것이 논증에서는 가장 중요한 내용이 된다. 보통 귀납법은 '개별적인 사례들로부터 일반적인 결론을 추론하는 방법'이라고 규정되고, 연역법은 '이미 일반화되어 있는 대전제로부터 개별적인 사실에 대한 결론을 이끌어내는 방법'이라고 규정된다. 이 두 가지 추론 방법을 구성 방식과 연결지어보면 보다 쉽게 이해할 수 있는데, 귀납법은 구성 방식 중 미괄식과 유사하고 연역법은 두괄식과 유사하다고 보면 어렵지 않게 추론의 과정을 추측할 수 있다.

귀납법의 예를 들어보자. 원광대학교 1학년 학생 전체에게 현재 가장 관심 있는 분야가 무엇인지에 대해 객관식으로 질문을 던졌는데, 학과 공부 25%, 진로 및 취업 35%, 교우관계 15%, 동아리 활동 15%, 정치 및 사회 문제 10%의 결과를 얻었다고 하자. 이 설문조사를 바탕으로 "원광대학교 1학년 학생들이 현재 가장 관심을 갖고 있는 분야는 진로 및 취업에 관한 문제"라는 일반적인 결론을 추론할 수 있게 된다.

귀납법이 신뢰를 받으려면 전제들이 진실이어야 하고 전제에서 결론에 이르는 귀납적 추론이 타당해야 한다. 그리고 조사 대상이 되는 사례의 축적이 많을수록 결론의 신빙성이 높아진다. 현대 사회에서는 여러 리서치 기관에 의해 다양한 설문 조사가 이루어지는데, 조사해야 할 대상이 너무 많아 표본을 따로 추출해 이루어지는 경우가 대부분이다. 이때 조사할 사항에 알맞은 기준들을 연령, 성별, 지역 등에 걸쳐 정확하고 다양하게 추출해

표본 집단을 정해야 신뢰도 높은 조사 결과를 얻을 수 있다.

그렇지 못할 경우 귀납적인 추론은 '성급한 일반화의 오류'에 빠질 우려가 있다. 예를 들어 지역별 통계를 낸다고 하면서 연령대별 인구수나 성별 인구를 고려하지 않고 단순하게 지역별 인원만을 고려하여 표본 조사를 실시할 경우, 실제 상황에서는 연령대나 성별 분포도가 변수로 작용하여 전혀 다른 결론이 나오는 오류에 빠지게 되는 것이다. 표본 조사 외에 우리가 일상생활에서 쉽게 갖게 되는 선입견에서도 일반화의 오류의 예는 얼마든지 찾아진다. 몇 명의 자기 주변 사례만을 보고 "형제나 자매 없이 혼자서 자란 아이는 이기적이기 쉽다"든가 "외모를 꾸미는데 관심이 많은 학생들은 학과 성적이 좋지 않을 것이다" 하는 식의 통념을 갖는다면, 이 역시 정확한 추론에 의거하지 않고 성급하게 판단하는 일반화의 오류에 빠진 경우로 볼 수 있는 것이다.

이번에는 연역법으로 넘어가보자. 이미 증명되어 있는 일반 지식을 이용하여 구체적인 문제를 해결하는데 연역법이 사용되는데, 연역법의 가장 기본적인 형태는 삼단논법이다. 삼단논법은 대전제와 소전제 그리고 결론으로 구성된다. 그 간단한 예를 하나 들어본다.

> 대전제: 모든 사람의 인권은 보장되어야 한다.
>
> 소전제: 사형수도 사람이다.
>
> 결　론: 그러므로 사형수의 인권도 보장되어야 한다.

신뢰할 수 있는 연역법이 되기 위해서는 신뢰할만한 대전제가 마련되어야 하며, 대전제와 소전제의 적절한 관계를 통해 자연스러운 결론이 도출되어야 한다.

> 대전제: 모든 변호사는 자신이 의뢰 받은 사건에 성실하게 임한다.
>
> 소전제: A씨는 유명한 대학의 로스쿨을 졸업했다.
>
> 결　론: 따라서 A씨는 자신이 의뢰 받은 사건에 성실하게 임한다.

위의 추론의 경우는 일단 대전제가 신뢰할만하다고 보기 어렵다. 모든 변호사가 자신이 의뢰 받은 사건에 성실하다는 사실은 모든 사람이 인정할만한 일반화된 대전제라고 할 수 없다. 또한 유명한 대학의 로스쿨을 졸업했다고 해서 곧 변호사 자격을 얻은 것은 아니므로 대전제와 소전제의 관계 역시 적절하지 못하다. 이러한 경우 얻어지는 결론은 신뢰도에 문제가 있는 것일 수밖에 없다. 그런데 대전제와 소전제가 타당하다 하더라도 불합리한 추론에 빠질 가능성은 또 존재한다.

대전제: 효자는 부모님께 폭언을 하지 않는다.

소전제: B군은 부모님께 폭언을 하지 않는다.

결 론: 그러므로 B군은 효자이다.

위의 추론의 경우 대전제와 소전제에는 문제가 없지만 이를 통해 결론으로 흘러가는 논리적 흐름에서 불합리한 추론에 빠졌다. 사회적으로 효자라고 인정할만한 다양한 필요충분조건들이 있는데, 부모님께 폭언을 하지 않는다는 것은 그 중에 단 한 가지만을 충족시켜 줄 뿐이다. 만약 B군이 집에 자주 들어오지 않는 등의 행동을 하는 학생이라면 부모님께 폭언을 하지 않는다 해도 효자와는 거리가 먼 학생일 것이다.

이 외에도 연역법의 경우는 순환의 오류에 빠질 염려가 있으므로 주의해야 한다. 순환의 오류는 어떤 논증의 결론이 처음에 내세웠던 대전제로 되돌아가버리는 것이다. 이러한 논증은 추론이 원점으로 되돌아가버려 결국 무의미한 것이 되고 만다.

연습 문제

14. 귀납법에서 조심해야 할 '성급한 일반화의 오류'의 예와, 연역법의 대표적 추론인 '삼단논법이 잘못 작성된 예'를 한 가지씩 생각해보자.

(1) '성급한 일반화의 오류

(2) '삼단논법이 잘못 작성된 예

절취선

7. 고쳐 쓰기

고쳐 쓰기는 일명 '퇴고'라고도 하는데, 단순한 교정과는 달리 초고를 쓴 뒤 글을 꼼꼼하게 다시 읽으면서 전체적 맥락에서부터 단어 선정이나 맞춤법과 같은 작은 단위의 문제까지 자세하게 다시 검토하여 완성된 글을 만들어가는 과정으로 글쓰기의 최종 마무리 단계라고 생각할 수 있다. 일반적으로 고쳐 쓰기의 과정은 '첨가', '삭제', '재배열'의 원칙을 고려하여 진행된다.

또한 고쳐 쓰기는 크게 세 가지 수준, 즉 '글 전체의 수준' '단락의 수준' '문장과 단어의 수준'에서 세 단계로 이루어지는 것이 바람직하다. 이 때 고쳐 쓰기의 순서는 큰 단위에서 작은 단위로 진행되어야 한다. 즉 먼저 글 전체의 수준에서 주제와 개요와의 연결성을 살펴 전체 글에서 통일성이 확보되는지 점검하고, 단락과 단락의 긴밀성이 잘 유지되고 있는지 살펴보는 것이 중요하다. 다음으로 단락의 수준으로 넘어가 각 단락별로 소주제가 잘 드러나고 뒷받침 내용들이 충분히 제시되며 각 문장과 문장은 긴밀하게 연결되고 있는지를 보아야 한다. 마지막으로 문장과 단어의 수준에서 주어와 서술어의 호응 관계를 살피고 난해한 문장은 없는지 혹은 단어의 의미나 맞춤법이 잘못 사용된 경우는 없는지 확인할 필요가 있다.

위에서 고쳐 쓰기를 하는 요령에 대해 세 가지 원칙과 세 단계의 수준에 의거하여 정리해보았다. 그런데 학생들이 쓴 글을 첨삭하다보면 가장 자주 틀리는 것이 단락 나누기와 주술 호응관계라는 것을 느끼게 된다. 서론 본론 결론을 나눌 때 단락을 다르게 하는 것은 쉽게 하지만, 본론의 경우에 몇 개의 단락으로 구성해야 하는지 어느 부분에서 단락을 나누어야 하는지 잘 몰라 때로는 단락 구분 없이 본론을 한 개의 긴 단락으로 써버리는 경우도 있다. 이를 바로잡기 위해서는 개요 작성 단계에서부터 단락 구성을 고려할 필요가 있다. 개요의 항목마다 단락을 나눌 것인지, 아니면 하위 범주 별로 단락을 나눌 것인지를 깊이 고려하면서 개요를 작성하면, 실제 글을 쓸 때 단락 구성에 있어 큰 어려움을 겪지 않게 되고 퇴고 단계에서의 고민도 줄어들게 된다.

주술 호응관계에서의 문제는 대개 한 개의 문장을 길게 쓸 때 발생한다. 주술 호응이란 주어와 서술어가 잘 맞아야 한다는 원칙으로, 한국어 문장에서 가장 기본적인 조건이라고 할 수 있다. 그런데 머리에 떠오르는 생각에 집중하여 그것만 따라서 길게 복합문 형태로 문장을 쓰게 되면 앞에 썼던 주어를 어느 사이에 잊어버리고 그에 어울리지 않는 서술어를 택하게 되는 경우가 종종 발생하는 것이다. 복합문이란 2개 이상의 단문 문장들이 연결어미를 중간 고리로 하여 이어지는 형태의 문장으로, 능숙한 필자의 경우 복합문을 많이 쓰면서도 주술 호응 관계를 잘 지켜낼 수 있지만, 초보자의 경우는 실수하기 쉽게 된다. 이를 막기 위해서는 짧은 단문의 형태로 문장을 쓰는 것이 좋다. 능숙한 필자의 경우도 실제 글을 쓸 때는 독자의 이해를 돕기 위해 단문을 많이 사용하기도 한다. 복합문의 경우 글을 쓰는 사람도 실수하기 쉽지만 글을 읽는 독자의 경우도 문장의 핵심을 쉽게 파악하기 어렵게 되기 때문에, 복합문을 많이 쓴 글은 어렵다는 인상을 줄 가능성이 높아진다.

위에서 서술한 내용 이외에도 다음의 사항들에 유의해서 고쳐 쓰기를 하면 더욱 효과적인 퇴고를 할 수 있다.

- 초고를 완성하고 일정한 시간이 지난 후에 고쳐 쓰기를 한다.
- 컴퓨터로 작성했을 경우 반드시 종이로 출력하여 검토한다.
- 눈으로만 보지 말고 꼭 소리 내어 읽으면서 글의 맥락과 문장의 호응 관계를 살핀다.
- 자신의 퇴고 과정과 더불어 다른 사람에게 보여주고 의견을 듣는 것이 더 효과적이다.

이제 위에 서술한 내용을 바탕으로 하여 한 편의 글을 읽고 함께 고쳐 쓰기를 해보도록 하자.

요즘 청소년들이 즐겨보는 잡지가 있다. 그 잡지의 이름은 바로 〈과학 ** 〉이다. 이름을 보면 알다시피 과학 잡지이다. 이 과학 잡지가 특별한 이유는, 1991년에 창간해 역사가 다른 잡지들보다 더 길고(〈과학 ○○〉은 2005년에, 〈과학 ##〉는 2008년에), 다른 잡지들보다 상을 더 많이 탔고(무려 9개, 타 잡지들은 3개 이하), 마지막으로 과학 말고 진로관련 내용이나, 수학 같은 다른 분야도 다룬다. 청소년들이 〈과학 ** 〉을 좋아하는 특별히 다른 이유는, 재미있는 기사들이 많기 때문이다. '여름의 최고의 불청객은?'이나 '해리포터 속 최고의 아이템은?' 같은 과학적 핫이슈 질문이 제시되고, 실제로 〈과학 ** 〉을 만드는 기자들이 그것을 찾고 독자가 실제로 그들의 제안을 투고하는 것이다. 또 코너 '×× 탐정사무소'는 과학적 상식을 바탕으로 독자들이 궁금해할만한 문제를 탐정사무소 방식으로 설명해준다. 잡지 〈과학 ** 〉는 전국의 청소년들이 공감할 수 있는 잡지이며, 〈과학 ** 〉의 기자들이 잡지 1개를 만드는데 자기 힘의 90%를 사용할 듯하다.

이 글은 청소년을 대상으로 한 과학 잡지 가운데 가장 독자층이 넓다고 생각되는 잡지 한 가지를 골라 그 잡지가 인기가 많은 이유에 대해 설명하고 있다. 길이는 짧지만 주제가 분명하고 그에 대한 근거 역시 예를 들어가며 제시하고 있어 전반적으로 글의 구성은 짜임새가 있다고 보인다.

그런데 글의 길이가 짧다고 생각해서인지 필자는 전혀 단락을 나누지 않고 처음부터 끝까지 한 개의 단락으로 글을 기술했다. 이 글의 경우는 짧은 길이 덕분에 단락이 나누어지지 않았어도 크게 답답한 느낌을 주지는 않지만, 그렇다 해도 만약 글의 구성 단계에 따라 몇 개로 단락 구분을 했다면 독자들이 글을 이해하는데 도움을 줄 수 있다. 짧기는 해도 이 글은 서론 본론 결론의 3단 구성 방식에 의거해 기술되었다. 이에 따라 단락을 나누어보면 "이 과학 잡지가 특별한 이유는 ……"으로 시작되는 문장부터 "또 코너 '×× 탐정사무소'는 과학적 상식을 바탕으로 독자들이 궁금해할만한 문제를 탐정사무소 방식으로 설명해준다."고 한 문장까지를 본론으로 하여 그 앞과 뒤를 각각 서론과 결론으로 나눌 수 있다. 나아가 본론의 경우 "청소년들이 〈과학 ** 〉을 좋아하는 특별히 다른 이유는, 재미있는 기사들이 많기 때문이다."라고 한 문장부터 새로운 단락으로 하여 총 두 개의 단락으로 나눌 수도 있다.

이제 문장과 단어를 살펴보도록 하자. 서론 부분에서의 문장은 세 개로 기술되었는데, '과학', '잡지' 등의 단어가 중복되기 때문에 좀 더 간명한 느낌을 주기 위해 한 개의 문장으로 바꾸고, 이 글의 목적을 강조하기 위해 이 잡지가 인기 있는 이유를 살펴보고자 한다는 문장을 추가하면 좋을 듯하다. "요즘 청소년들이 〈과학 ** 〉라는 이름의 잡지를 즐겨보고 있다. 왜 이 잡지가 다른 과학 잡지에 비해 인기가 많은지 그 이유를 알아보고자 한다." 정도로 바꾸면 좋겠다.

본론에 가서 첫 문장은 다른 잡지와의 차별성을 세 가지 이유에서 서술하는데, 이를 연결어미와 괄호 등을 사용해 긴 문장 하나로 서술함으로써 좀 호흡이 길어졌다. 그 때문에 문장의 주술 호응관계에 혼란이 일어났다. "이 과학 잡지가 특별한 이유는"으로 시작했기 때문에 주어는 '이유'가 되는데, "마지막으로 과학 말고 진로관련 내용이나, 수학 같은 다른 분야도 다룬다."라고 문장을 끝내고 있어 서술어는 "다룬다"가 되어버렸다. 앞서 설명했던 것처럼 연결어미를 사용해 복합문을 쓰게 되면서 주술 호응이 어색해진 경우에 해당된다. 이를 바로잡자면 문장 끝을 "다루기 때문이다."라고 고쳐야 한다. 그 다음 문장에서는 '특별히'라는 단어가 앞 문장에 이어서 반복되기 때문에 이를 "또"라는 다른 부사로 바꾸는 게 좋겠다. 그리고 그 다음 문장에서는 "찾고"라는 어휘보다는 "조사하고"가 더 기자들이 하는 작업을 잘 표현한다고 생각되므로 교체하는 것이 좋으리라 생각된다.

결론에 가서도 역시 주술 호응관계가 문제가 된다. 두 문장이 이어져 복합문이 되었는데 뒤의 문장의 주어는 사실 글에는 나타나지 않지만 '필자'라고 볼 수 있다. 따라서 "사용할 듯하다"를 "사용하리라 생각된다" 정도로 바꾸어야 뒤 문장에서도 주술 호응이 자연스럽게 이루어지게 된다.

이상에서 자세하게 고쳐 쓰기 과정의 예를 들어 보았는데, 퇴고를 거친 후의 글을 다시 읽어보면 그 차이가 쉽게 느껴질 것이다.

> 요즘 청소년들이 〈과학 ** 〉라는 이름의 잡지를 즐겨보고 있다. 왜 이 잡지가 다른 과학 잡지에 비해 인기가 많은지 그 이유를 알아보고자 한다.
>
> 이 과학 잡지가 특별한 이유는, 1991년에 창간해 역사가 다른 잡지들보다 더 길고(〈과학 00〉은 2005년에, 〈과학 ##〉는 2008년에), 다른 잡지들보다 상을 더 많이 탔고(무려 9개, 타 잡지들은 3개 이하), 마지막으로 과학 말고 진로관련 내용이나, 수학 같은 다른 분야도 다루기 때문이다.
>
> 청소년들이 〈과학 ** 〉을 좋아하는 또 다른 이유는, 재미있는 기사들이 많기 때문이다. '여

름의 최고의 불청객은?'이나 '해리포터 속 최고의 아이템은?' 같은 과학적 핫이슈 질문이 제시되고, 실제로 〈과학 ** 〉을 만드는 기자들이 그것을 조사하고 독자가 실제로 그들의 제안을 투고하는 것이다. 또 코너 '×× 탐정사무소'는 과학적 상식을 바탕으로 독자들이 궁금해할만한 문제를 탐정사무소 방식으로 설명해준다.

잡지 〈과학 ** 〉는 전국의 청소년들이 공감할 수 있는 잡지이며, 〈과학 ** 〉의 기자들이 잡지 1개를 만드는데 자기 힘의 90%를 사용하리라 생각된다.

연습 문제

15. 4절 '개요 작성하기'의 연습문제 1번에서 쓴 초고를 다음 점검표에 따라 검토한 후 고쳐 써 보자.

점검 항목		점검 내용
글의 전체 수준	불필요한 내용	
	보충할 내용	
	단락과 단락의 관계	
	제목과 소제목의 적설성	
단락의 수준	소주제들의 명확성	
	불필요한 내용	
	보충해야 할 내용	
	문장과 문장의 관계	
문장과 단어의 수준	난해한 문장	
	주어와 서술어의 호응	
	모호한 단어	
	어문규정	

절취선

16. 동료끼리 초고를 교환하여 검토한 후 초고에 대한 동료의 검토와 자신이 행한 고쳐 쓰기의 결과를 비교해 보자.

점검 항목		검토 내용(동료)	자신의 고쳐 쓰기와의 차이점
글의 전체 수준	불필요한 내용		
	보충할 내용		
	단락과 단락의 관계		
	제목과 소제목의 적절성		
단락의 수준	소주제들의 명확성		
	불필요한 내용		
	보충해야 할 내용		
	문장과 문장의 관계		
문장과 단어의 수준	난해한 문장		
	주어와 서술어의 호응		
	모호한 단어		
	어문규정		

절취선

4장

삶과 글쓰기

1. 대학에서의 글쓰기

1) 리포트 쓰기

리포트 쓰기에 관한 일반적인 사항들을 숙지해 두는 것은 매우 중요하다. 가끔 열심히 연구하고 조사에 임했음에도 리포트 점수가 만족스럽게 나오지 않았다고 불평하는 학생들을 만나게 된다. 연구 결과를 일목요연하게 정리하지 못했거나, 리포트 쓰기에 대한 기본 정보를 숙지하지 못했기 때문이다. 밤잠을 설쳐가며 공부한 것이 모두 물거품이 되지 않게 하기 위해서는 리포트 쓰기의 형식적인 부분에 대해서도 고민을 많이 해야 한다.

리포트는 강좌의 성격별로 다양한 형식을 가지고 있다. 교수자의 취향에 따라 리포트의 형식이 결정되는 것도 다반사이다. 전공에서 요구하는 리포트의 경우 교과목에 대한 지식이 어느 정도 축적되어 있기도 하고, 선배나 동료의 도움을 받을 수 있어 크게 부담스럽지 않을 수도 있다. 그러나 처음 대하는 교양과목에서 요구하는 리포트는 어디서부터 어떻게 시작해야할지 막막한 경우가 있다. 이럴 때를 위해 리포트의 일반적인 체제와 부분별 기술 방식을 숙지해 둘 필요가 있다.

일반적으로 리포트는 표지, 제목, 목차, 서론, 본론, 결론, 참고문헌 순으로 구성된다. 이러한 구성 방식은 리포트의 분량이나 교수자의 취향, 교과목의 성격 따라 자유롭게 변화될 수 있다. 그러나 리포트의 기본적 체제와 기술방식을 익혀 둔다면 어떤 형태의 리포트에라도 응용하여 활용할 수 있을 것이다.

(1) 표지: 필요한 정보를 빠짐없이 넣어야 한다

표지에는 리포트의 제목, 과목명, 담당교수의 이름, 제출자의 학과, 학번, 이름, 제출일 등을 기재한다. 표지 제작 과정에서 가장 많이 하는 실수는 필요한 내용은 기재하지 않고 디자인에만 심혈을 기울이는 경우이다. '문서 편집과 디자인'에 관한 과제가 아니라면 표지에는 필요한 내용만을 기재하는 것이 좋다. 리포트의 분량이 많지 않은 경우 표지와 목차를 한 페이지에 편집하는 방식도 고려해 볼 수 있다.

(2) 제목: "Report"라는 제목은 없다

제목은 글의 일부이다. 제목의 중요성을 망각하고 표지에 "REPORT"라고 큼지막하게 제출하는 실수를 해서는 안 된다. 제목은 리포트의 전체 내용을 포괄적이면서도 구체적으로 드러내야 한다. '포괄성'과 '구체성'이 두루 고려된 한 문장을 만들어야 한다는 측면에서 제목 달기는 매우 어려운 작업이다.

'대중음악'을 주제로 하는 리포트를 제출해야 한다고 했을 때 제목은 어떻게 달아야할까? 제목은 주제와 다르다. 따라서 제목을 "대중음악"이라고 쓰면 안 된다. "한국 대중음악의 시대별 변화 양상"과 같이 연구의 방향과 주제를 명시해야 한다. 이렇게 써야 제목으로서의 기능을 할 수 있다. 제목의 구체성은 연구의 구체성과 맞닿아 있다. 따라서 과제의 성격을 명확히 분석하고 그 성격에 부합하는 글쓰기가 완료된 이후에나 좋은 제목이 만들어질 수 있을 것이다.

〈표지의 구성과 제목의 예〉

한국 대중음악의 시대별 변화 양상
과 목 명: 대중매체와 문화 담당교수: 박대중 학 과: 원광대학교 경영학과 학 번: 201200011 성 명: 김원광 제 출 일: 2012년 3월 25일

(3) 목차: 목차는 친절한 글쓰기의 시작이다

목차가 없는 리포트는 메뉴판이 없는 식당, 시간표 없는 역과 다르지 않다. 리포트는 세상에서 가장 친절한 글쓰기 중 하나라고 생각하면 된다. 목차는 리포트의 이러한 성격을 가장 잘 반영하는 부분이다. 분량이 5페이지가 넘고 3개 이상의 장과 하위 절로 구성된 리포트라면 한 페이지를 할애하여 목차를 만들 수도 있다. 그러나 대개의 경우 목차는 본문이 시작되는 페이지의 첫 부분에 제시하는 것이 일반적이다. 목차를 만들 때 주의해야할 것은 장, 절로 구분되는 하위 항목이 명확하게 구분되도록 해야 한다는 것이다. 각 항목을 위계화 하기 위해서는 장, 절에 해당하는 기호를 각각 다르게 사용하고, 들여쓰기를 해야 한다. 아래 사항을 참고하여 목차가 어떻게 구성되는지 숙지해두자.

〈본문에 삽입 된 목차의 예〉

한국 대중음악의 시대별 변화 양상

김원광

Ⅰ. 서론

우리의 대중음악은 1990년대를 기점으로 많은 발전을 이룩했다. 대중음악은 정치, 사회, 문화적 영향권 안에서 다양한 형태로 발전을 거듭하며 민중의 정체성을 반영해왔다. 이 글은 한국 대중음악의 시대별 특징에 대해 살펴보는 것을 목적으로 한다. 이를 위해 우선……

(4) 서론: 글의 목적과 서술 방식을 소개하자

일반적으로 서론은 리포트의 10~15% 정도의 분량을 차지한다. 즉 원고지 6,000자 분량의 리포트를 작성한다면 서론은 원고지 1,000자에 미치지 못하는 수준으로 작성하는 것이 일반적이다. 리포트의 성격에 따라 차이는 있지만 우리가 생각하는 것보다 서론은 많은 분량을 차지하지 않는다. 간혹 서론에 지나치게 힘을 쓰다 본론에 소홀한 경우가 있다.

서론에는 문제 제기, 연구의 목적, 연구의 방법, 선행연구 검토 등이 포함된다. 리포트가 어떠한 문제의식을 가지고 있으며, 어떤 방법으로 그 문제에 접근하고 있는지에 관해 서술하는 것이 서론이다. 서론의 간단한 예를 살펴보고 서론을 어떻게 작성해야 하는지 더 자세히 살펴보도록 하자.

❶"한류, 아시아를 넘어 세계로" 한국문화산업교류재단에서 개최했던 세미나의 주제이다. 최근 각종 매체에서 한국의 아이돌 가수들이 프랑스 파리에서 성공적으로 공연을 마쳤다는 소식이 전해져 오고 있기도 하다. 이제 한류를 동아시아에서 일어나는 작은 문화현상이라고 말하는 사람은 없다. 한류는 날이 갈수록 멀리 뻗어가고 있다. 그러나 이러한 현상에 만족해서는 안 된다. 최근 중국과 일본을 비롯한 동남아 여러 지역은 물론 유럽 전역으로 한류가 확대되고는 있지만 여전히 콘텐츠 부족과 시스템 불안 등의 문제를 노출하고 있다.

(…중략…)

❷이 글은 아시아를 넘어 유럽지역으로 확대되어 가는 한류의 영향력을 지속 확대시키고 우리의 문화가 세계로 뻗어나갈 수 있는 방안을 검토하는 데 목적이 있다. ❸이를 위해 우선 아시아, 유럽, 북미 지역 등을 중심으로 한류가 어느 정도 수준으로 확산되어 있는지 살펴볼 것이다. 더불어 아시아 각 지역에서 대두되는 反한류현상에 대해서도 간략히 살펴볼 것이다. 본 연구는 이를 토대로 한류 문화가 꾸준히 지속 확대되기 위한 방안을 제시할 수 있을 것이다.

첫 번째 단락 ❶은 '문제 제기'에 해당하는 부분이다. 리포트의 주제를 상기시키고 해당 주제를 연구해야 하는 이유를 밝히는 부분이다. ❷는 '연구 목적'을 밝히고 있는 문장이다. "~하는 데 그 목적이 있다."라는 식의 문장은 서론에서 자주 활용된다. ❸이하는 "연구 방법"을 밝히고 있는 부분이다. "2장 1절에서는 ~에 관해 살펴보고 있다."와 같은 방식으로 연구 과정을 소상하게 밝히는 것도 좋은 방법이다.

서론의 문장은 "~할 것이다.", "~에 대해 살펴보고자 한다.", "~을 제시해 보고자 한다.", "~에 관해 검토할 것이다." 등과 같은 표현을 쓴다는 점도 눈여겨 볼만한다. 또한 서론은 앞으로 어떠한 논의가 진행될 것인지를 드러내는 부분이므로 과거형 문장을 쓰지 않는 다는 것도 알아둘 필요가 있다.

연습 문제

1. 다음 조건을 활용하여 서론을 작성해보자.

연구주제: 데이트 폭력 근절 방안 연구
문제제기: 각자의 경험을 토대로 문제의식을 드러낼 것
연구목적: 데이트 폭력 실태 조사, 데이트 폭력 근절 방안 도출, 건전한 이성교제 방향 제시 등
연구방법: 인터뷰, 통계조사, 문헌조사 등

❶ 문제제기:

절취선

❷ 연구목적:

❸ 연구방법:

절
취
선

(5) 본론: 일관된 논점과 정확한 표현이 관건이다

본론은 리포트의 7~80% 정도를 차지하는 부분으로 연구 내용이 본격적으로 기술되는 부분이다. 본론이 몇 개의 장으로 구분되어야 하는지 정해진 것은 없다. 본론이 하나의 장으로 구성되었다고해서 문제가 되지는 않는다. 본론의 구성은 주어진 문제를 여러 관점으로 분석하고 분류하는 과정에서 자연스럽게 장과 절로 구분된다.

본론의 체제는 개인의 연구 역량을 그대로 드러낸다는 점에서 여러 번 강조해도 부족함이 없다. 본론 작성 과정에서 중요한 것은 정보의 처리와 배열이다. 특히 학술 보고서의 경우 자신의 주장을 뒷받침하기 위해 공신력 있고 객관적인 근거를 제시할 필요가 있다. 이때 제시된 자료들은 자신이 직접 실험하거나 관찰한 것이 아니라면 출처를 분명히 밝혀두어야 한다. 출처를 분명히 밝히는 작업은 각주를 다는 것으로 해결할 수 있다. 이에 관한 사항들은 다음 장 "논문 쓰기"에서 자세히 다루기로 한다.

(6) 결론: 서론을 물구나무 세워보자

결론은 서론과 비슷하거나 약간 적은 분량으로 쓰는 것이 일반적이다. 결론은 본론의 내용을 요약하는 부분으로, 부가적으로 남은 과제, 과제와 관련된 전망 등이 제시될 수 있다. 결론을 구성하기가 쉽지 않다는 사람도 있나. 이런 사람들은 대개 글의 마지막을 멋지게 장식하고 싶은 욕구에 시달린다. 그러나 결론은 본론의 요약만으로 충분할 수 있다. 조금 더 신경 써서 결론을 작성하고자 한다면, 서론을 뒤집어 놓는 것도 좋은 방법이다. 다음의 인용은 앞서 제시한 서론을 뒤집어 놓은 것이다.

> ❷ 지금까지 아시아를 넘어 유럽지역으로 확대되어 가는 한류의 영향력을 지속 확대시키고 우리의 문화가 세계로 뻗어나갈 수 있는 방안을 검토해 보았다. ❸ 이를 위해 우선 아시아, 유럽, 북미 지역 등을 중심으로 한류가 어느 정도 수준으로 확산되어 있는지 살펴보았다. <u>최근 한류문화가 가장 활발하게 확산되고 있는 지역은 유럽과 북미 지역으로 드러났다. (…중략…)</u> 이와 더불어 아시아 각 지역에서 대두되는 反한류현상에 대해서도 간략히 살펴보았다. <u>반 한류 현상은 중국과 일본을 중심으로 형성되는 경향을 보이고 있는 것으로 드러났다. (…중략…)</u>

❶"한류, 아시아를 넘어 세계로" 이제 한류를 동아시아에서 일어나는 작은 문화 현상이라고 말하는 사람은 없다. 한류는 날이 갈수록 멀리 뻗어가고 있다. 한류의 확대 지속을 위해서는 콘텐츠 부족과 시스템 불안 등의 문제를 조속히 해결해야 한다.

연구의 목적과 방법에 해당하는 문장들 즉 ❷❸을 "~보았다"라는 형태로 전환하고 그 사이에 연구 결과를 삽입하면, 훌륭한 결론의 서두가 되는 것을 볼 수 있다. 밑줄로 표시한 부분에 연구 결과를 조금 더 자세히 소개한다면 결론의 90%가 완성될 것이다. 서론의 '문제제기'에 해당하는 부분 ❶을 약간 변형하여 글의 마지막을 장식했다. '문제제기' 부분은 다소 주관적 견해가 포함될 수 있고, 문제의식을 새롭게 환기할 수 있다는 점에서 글의 마지막을 장식하는데 도움이 된다.

연습 문제

2. 앞서 작성한 서론을 뒤집어 결론을 만들어보자.

절취선

(7) 참고문헌: 가능한 한 참고한 서적만 기입하자

간혹 참고문헌에 욕심을 부리는 리포트를 볼 수 있다. 리포트에 활용되지 않은 문헌임에도 참고문헌에 적어 넣는 경우도 있다. 연구에 간접적인 영향을 준 자료이기 때문에 참고문헌에 제시했다는 사람도 있다. 참고문헌은 리포트에 인용된 서적에 한해 형식에 맞춰 기입하는 것이 원칙이다. 참고 문헌은 각주에서 인용 쪽수만 빼고 정리하게 된다. 이에 관한 자세한 사항은 다음 장 '논문쓰기'에서 자세히 다룰 것이다.

2) 논문 쓰기

논문은 자신의 의견이나 주장을 특정한 형식에 맞춰 논리적으로 증명해 가는 글이다. 논문의 작성 과정은 앞서 설명한 리포트의 부분별 기술 방식과 흡사하다. 논문 역시 '목차 - 서론 - 본론 - 결론 - 참고문헌'이라는 체제를 기본으로 하며, 그 외에 논문의 성격에 따라 인준서나 초록(요약문) 등이 추가된다. 논문의 작성 과정은 앞서 제시한 리포트의 부분별 기술 양식을 참고할 수 있다.

논문은 제출의 목적과 분량에 따라 여러 종류로 구분된다. 우리와 직접적으로 관계되는 논문은 학위논문과 졸업논문 등이 있다. 대학원 이상 과정에서는 학회 발표나 학회지 게재를 위한 연구 논문을 쓰기도 한다. 논문은 누구나 아는 사실을 요약 정리하는 것이 아니라 새로운 학설을 제시하는 글이라는 측면에서 학문적 엄정성과 객관성, 그리고 정확성이 요구 되는 글이다. 이를 위해서는 자료의 수집과 정리 그리고 정확한 인용과 각주 달기가 선행되어야 한다. 이 장에서는 논문 작성 과정에서 요구되는 자료 수집과 정리 방법, 그리고 인용의 방법을 중심으로 살펴볼 것이다.

(1) 자료 수집과 정리

논문의 주제가 정해지고 자료 수집 단계에 접어들면 잠시 막막해진다. 자료를 어떻게 수집해야할지 종잡을 수 없을 때는 연구를 위해 검색한 논문의 '참고문헌'을 살펴보는 것이 가장 좋은 방법이다. 이왕이면 가장 최근에 등록된 박사학위 논문을 살펴보자. 때로는 감당할 수 없을 정도로 풍부한 자료들이 일목요연하게 정리되어 있는 것을 확인할 수 있을 것이다. 각종 연구 논문이나 학위 논문, 그리고 E-Book은 대학 도서관 홈페이지를 이용하면 무료로 열람이 가능하다. 본격적인 자료 수집 이전에 대학 도서관의 전자정보서비스 이용 방법을 숙지해 두는 것이 여러 모로 유리하다.

(2) 인용의 목적과 방법

논문 작성 과정에서 다른 사람의 견해나 주장을 자신의 논문에 반영하는 것을 인용이라고 한다. 인용을 할 때는 다음과 같은 사항에 유의해야 한다.

첫째, 인용은 남의 의견을 빌리는 행위이므로 반드시 출처를 밝혀야 한다.
둘째, 인용은 꼭 필요한 경우에 한하며, 최소의 인용으로 최대의 효과를 얻는 것을 목표로 한다.
셋째, 인용은 남의 견해를 빌려 자신의 논지를 공고히 하는 작업이라는 측면에서 형식적 일관성과 정확성을 지켜야 한다.

인용은 크게 직접인용과 간접인용으로 구분할 수 있다. 직접인용은 참고 문헌의 내용을 그대로 옮기는 것을 말한다. 원문을 조금이라도 수정하게 되면 각주를 달아 변경사항을 반드시 표시해 주어야 한다. 주로 문학작품, 법조문, 수학공식 등과 같이 원문을 훼손하게 되면 그 의미에 많은 손상이 가해지는 경우 활용된다. 간접인용은 원문을 자신의 표현으로 바꾸어 인용하는 방법이다. 이때에는 원문의 내용과 자신의 견해가 뒤섞이지 않도록 주의해야 한다. 간접인용의 경우 자칫 표절을 범하게 될 수 있다는 점에서 조심스럽게 활용해야 한다. 다음의 예를 통해 직접인용과 간접인용이 어떻게 활용되는지 알아보자.

〈직접인용〉

"하늘은 **천한 것**과 **귀한 것**을 구분하지 않고 사람을 이 땅에 내렸으나, 양반들은 하늘의 뜻을 거스르고 있다. 이제 우리는 인간으로서의 가치와 존엄성을 회복하기 위해 양반들이 만들어 낸 신분제의 굴레에서 벗어나 새로운 삶을 추구할 때가 되었다"[1]는 홍길동의 주장은 타당하다. 자신의 신분을 비관하지 않고 노비 해방을 위해 힘쓴 홍길동은…

1) 홍길동, 『신분해방을 위하여』, 노비출판사, 2011, 201쪽. 강조점은 필자.

직접인용은 인용한 부분을 겹 따옴표(" ") 안에 그대로 옮겨 적고 따옴표 뒤에 각주번호를 달아 출처를 표기하는 것이 일반적이다. 원문을 충실하게 옮기는 것을 기본으로 하기 때문에 원문에 오탈자가 있거나 철자법이 틀리게 되어 있더라도 그대로 옮겨 적는다. 불가피하게 원문에 변형을 가하게 되는 경우 각주에 변경된 사항을 표시해주면 된다. 위와 같이 강조한 부분이 있다면 각주에 '강조점은 필자'와 같은 문구를 넣어 준다. 4행 이상 혹은 100자 이상의 긴 글을 인용할 경우에는 문단을 따로 분리하고 글자 크기를 작게 하여 인용부분을 표시하는 방법도 있다.

〈간접인용〉

사람은 원래 귀하거나 천하게 태어나는 것이 아니라 단지 세상이 이를 정하는 것이므로 이를 극복해야 한다[1]는 홍길동의 주장은 타당하다. 자신의 신분을 비관하지 않고 노비 해방을 위해 힘쓴 홍길동은…

1) 홍길동, 『신분해방을 위하여』, 노비출판사, 2011, 201쪽.

간접인용은 주로 인용할 자료를 요약하거나 해설하는 경우에 활용한다. 위 글은 홍길동의 주장을 글쓴이가 이해한 만큼 요약한 경우에 속한다. 앞서 언급한 바와 같이 간접인용은 불가피하게 원문을 가공하는 작업이므로 세심한 주의가 필요하다. 간접인용 역시 원문과 필자의 생각이 구분되는 부분에 각주번호를 달고 출처를 밝히는 것을 원칙으로 한다. 간접인용의 경우 원저자보다 더 명확히 내용을 전달할 수 있다고 판단될 때 활용하는 것이 일반적이다. 간접인용은 논문 쓰기에 어느 정도 숙달된 필자가 할 수 있는 작업이다.

(3) 주석과 참고문헌

인용을 하면 반드시 주석을 달고 출처를 밝혀야 한다. 인용을 하고 출처를 밝히지 않으면 표절이 된다. 따라서 인용은 항상 주석과 쌍을 이루는 개념이라고 생각하는 것이 마땅하다. 주석은 참고한 자료의 출처를 밝히거나 부가적인 설명을 위해 본문과 분리된 공간을 마련하여 기재하는 것이 일반적이다. 주석에는 본문 주, 각주, 미주 등이 있다. 본문 주는 본문에 괄호를 만들고 그 안에 내용을 표기하는 방식이다. 각주는 주석이 필요한 페이지의 아랫부분에 줄을 긋고 내용을 적는 방식이고, 미주는 논문의 맨 마지막에 주석을 모두 모아 처리하는 방식이다.

주석을 다는 방식은 국가별, 학문 영역별로 천차만별이다. 학위 논문의 경우도 각 대학별로 약간씩 차이를 보일 정도로 주석을 다는 방식은 다양하다. 주석을 달 때는 다음 두 가지 원칙에만 충실하면 된다. 첫째, 논문을 제출하는 곳에서 요구하는 규정을 준수한다. 둘째, 한 편의 논문에는 한 가지의 방식으로만 주석을 단다. 이 두 가지 원칙만 지킨다면 주석 때문에 문제가 생기는 일은 없을 것이다. 주석을 다는 방식은 다양하지만 기본적으로 일정한 규칙이 있기 때문에 너무 어려워할 필요는 없다.

참고문헌은 논문의 맨 마지막에 들어간다. 참고문헌 목록은 주석에 소개된 참고서적들을 망라하여 목록으로 만드는 작업이다. 참고문헌은 논문 작성에 활용된 자료들을 종합적으로 제시함으로써 독자들이 관련 정보에 쉽게 접근할 수 있도록 하는 장치이다. 참고문헌은 학문을 하는 사람들이 서로를 배려하는 방식이다.

아래 소개될 주석과 참고문헌 기입 방식은 현재 영미권에서 가장 일반적으로 활용되고 있는 시카고대학교 출판부(UCP)의 규정이다. 언급한 바와 같이 학문의 영역별로 주석 및 참고문헌 기입법은 매우 다양하다. 이들 중 가장 대표적인 것 하나를 숙지해 둔다면 어떤 것에든 응용할 수 있을 것이다.

가. 주석의 서지사항 표기

▶ 단행본

주석번호) 저자, 『책의 제목』, 출판사, 출간연도, 인용면.

1) 홍길동, 『홍길동의 삶』, 마음출판사, 1996, 181쪽.

2) 미셸 푸코, 이정우 옮김, 『지식의 고고학』, (서울: 민음사, 1996), 181~182쪽.

- 일반적으로 책의 저자가 세 사람 이하면 이름을 모두 쓴다. 그 이상이면 최초의 저자를 쓰고 '외 ○명'이라고 쓴다.
- 책의 제목은 겹낫표 (『 』)로 표시하며, 외국서적의 경우 기호 없이 이탤릭체로만 표기한다.
- 번역서의 경우 저자의 이름 뒤에 번역자의 성명을 쓰는 것이 일반적이다.
- 편집자는 성명 뒤에 '편'혹은 'ed.'를 붙이고, 번역자는 성명 뒤에 '역' 혹은 '옮김', 'trans'를 붙인다. 이 역시 혼용해서는 안 된다. 위의 보기와 같이 모든 사항을 한글로 통일하는 것이 가장 일반적이다.
- 한 페이지를 인용할 경우'p.' 두 페이지 이상인 경우'pp.'를 쓴다. 위와 같이 '쪽'이라고 표기할 수도 있는데, 어떤 방법이 됐든 두 가지 방법을 혼용해서는 안 된다.
- 서지사항을 모두 표기하고 난 후에는 꼭 마침표를 찍어 준다.

▶ **일반논문**

주석번호) 저자, 「논저명」, 『논문집 명』 권호수, 발행처, 출간연도, 인용면.

1) 이순신, 「한산대첩 연구」, 『왜란연구』 제3권, 병조학회, 2015, 236~238쪽.

- 여러 명의 저자가 참여하여 한 권의 책을 구성했을 경우, 위와 같은 방식을 활용하게 되는데, 보통은 학술 논문집이나 잡지 등의 서지사항을 기재할 때 주로 활용된다.
- 논문의 제목은 책의 제목과 달리 홑낫표 (「 」)로 표기하고, 논문집 제목은 겹낫표 (『 』)로 표시한다.
- 권, 호수는 제○권, 제○호로 표기하고, 잡지는 출간 연월까지 표시한다. 계간지일 경우에는 계절까지 표기하기도 한다.
- 학위논문의 경우 제목을 홑낫표 (「 」)로 표기한다.

▶ 약식으로 서지사항 표시하기

1) 이순신, 「한산대첩과 연구」, 『왜란연구』 제3권, 병조학회, 2015, 236~238쪽.
2) 같은 글, 190쪽.
3) 같은 글, 210쪽.
4) 홍길동, 『신분해방을 위하여』, 노비출판사, 2011, 201쪽.
5) 이순신, 앞의 글, 239쪽.
6) 홍길동, 앞의 글, 10쪽.

- 처음에는 서지사항이 모두 드러나도록 표기해야 하지만 같은 문헌이 뒤에서 다시 인용되는 경우 보기와 같이 서지사항을 약식으로 표기해야 한다.
- 2)의 경우처럼 같은 문헌이 두 번 연속 인용될 경우 '같은 책(글)', 'Ibid.', '위의 책(글)', '상게서(上揭書)' 등으로 표기한다. 대개의 경우 외국 서적은 'Ibid.'를 적은 후 쪽수를 표기하고, 그 외는 '같은 책(글)'을 많이 활용한다.
- 각주 5)와 6)의 경우처럼 동일한 저자의 글이지만 바로 앞에 다른 저자의 글이 있는 경우 '앞의 책(글)', 'op. cit.', '전게서(前揭書)'라고 쓴다. 이 역시 외국 서적일 경우에만 'op. cit.'를 쓰고 그 외에는 '앞의 책'을 많이 활용한다. 이 경우에는 반드시 저자의 이름을 앞에 쓰고 인용 면수를 기입해야 한다.

나. 참고문헌 목록과 서지사항 표기

강호동, 『씨름 연구』, 나라출판, 2017.
손흥민, 『축구와 태클』, 흥민출판사, 2016.
______, 『축구의 역사』, 흥민출판사, 2018.
이순신, 「한산대첩과 연구」, 『왜란연구』 제3권, 병조학회, 2015.
홍길동, 『신분해방을 위하여』, 노비출판사, 2012.
Gadamer, H. G. ***Wabrbeit und Methode***, Tübingen : J. C. B Mohr, 1986.

- 참고문헌은 우선 국내서, 동양서, 서양서로 구분하여 '가나다' 순, '알파벳' 순 등으로 나열한다.
- 경우에 따라서는 기초자료, 단행본, 논문, 기타 자료 등으로 구분하여 이를 다시 '가나다' 순, '알파벳' 순으로 배열한다.
- 인용번호와 인용면수는 표기하지 않고 필자의 이름이 반복되는 경우에는 처음에만 이름을 쓰고 두 번째 자료는 이름 대신 밑줄을 이용한다.
- 출간 시기가 빠른 것을 앞에 적고 외국 인명의 경우 성, 이름 순서로 기입한다.

연습 문제

3. 잘못된 각주를 찾아 바르게 고쳐보자.

1) 이순신, 「한산대첩과 연구」, 『왜란연구』 제3권, 병조학회, 1597, 236~238쪽.

2) 같은 글, p190.

3) 박지성, 『축구와 태클』, 2010, 지성출판.

4) 홍길동, 『신분해방을 위하여』, 노비출판, 2011, 201쪽.

5) 이순신, 앞의 책, 239쪽.

6) 홍길동, 앞의 책, 10쪽.

7) 홍길동, 생명학회, 「친자확인 연구」, 『생명학연구』, pp 123~125, 2014.

8) 이순신, 같은 책.

9) 호날두, 『축구와 사랑』, 초록출판사, 2005, pp210쪽.

10) 같은 책. 201쪽.

11) 이순신, 앞의 책, 120쪽.

절취선

※ 참고문헌

건국대학교글쓰기연구회 편, 『글쓰기의 기술』, 파미르, 2006.

고려대학교출판부 편, 『새로운 논문 작성법』, 고려대학교출판부, 2001.

김동우, 『공학도를 위한 글쓰기 노하우』, 생능출판사, 2008.

자기표현과 글쓰기 편찬위원회 편, 『자기표현과 글쓰기』, 경진, 2011.

2. 사회에서의 글쓰기

1) 이력서 쓰기

이력서란 취직을 위한 면접의 기회를 얻기 위해 회사나 기관 등 채용의 주체가 되는 조직에 제출하는 개인의 신상 정보, 학력, 경력 등을 시간 순으로 요약 혹은 나열한 문서이다. 이력서가 자신을 처음 알리는 문서이니만큼 간단명료하게 작성하되 구체적으로 자신의 기록, 즉 출신학교 및 학과, 자격증, 언어 능력, 수상 경력, 대내외적 활동 등 자신의 능력이나 장점을 돋보이게 할 수 있는 사항들을 일목요연하게 정리하여 작성한다.

이력서를 쓸 때에는 불필요한 정보를 걸러내고 회사와 직무에 어울리는 활동들을 간추려 정리할 필요가 있다. 성공한 이력서에는 통일된 3가지 키워드를 담고 있어야 하고, 그것으로 인해 한 마디 논평을 얻어야 한다는 말이 있다. 예를 들어, 인사 담당자가 홍보 분야 지원자의 이력서를 읽고 '해당 분야 인적 네트워크 형성, 공모전에서 홍보 분석 보고서 제출, 홍보팀 인턴 경험' 등의 활동을 기억하고, '이 지원자는 다른 것은 몰라도 홍보에 꽤 관심이 많았군.'하고 정리되는 한 마디가 있게 되면 성공한 이력서라는 것이다.

다음은 이력서 작성을 위한 몇 가지 원칙이다. 가장 기본적인 사항들이니 잘 숙지할 필요가 있다.

첫째, 과장됨이 없이 솔직하게 기술한다. 허위사실이나 과장된 내용을 기입해서는 안 된다. 면접이나 입사 후에라도 허위사실이 드러날 경우에는 난처한 상황이 발생할 수 있으므로 솔직하게 작성한다.

둘째, 국한문을 혼용하여 쓰면 이롭다. 요즘 이력서는 대부분 한글로 작성하는데, 간혹 국한문 혼용으로 작성된 이력서를 보면 새롭게 비춰질 수 있다.

셋째, 가족 관계는 호주를 기준으로 해야 한다. 이것은 특히 유의할 부분 중에 하나이다. 호주와의 관계는 호주를 기준으로 한 관계를 말하는 것이므로, 자신을 기준으로 관계를 쓰지 않도록 주의한다. 예를 들어 '부, 모, 본인'이 아닌 '장남' 또는 '차녀' 등으로 기재하여야 한다.

넷째, 특기 사항이나 상벌 사항은 빠짐없이 꼼꼼하게 기록한다. 이 부분은 자격증이나 면허증, 어학 능력으로 구분하여 작성하기도 한다. 국가 공인 자격증이 아니더라도 응시 기업의 업종에 부합하는 비공인 자격증을 취득하였을 경우 그 내용도 빠짐없이 정리하고, 이 때 반드시 취득일과 발령기관을 명기해야 한다. 상벌 사항은 교내외 행사나 대회 수상 경력이라도 지원 회사의 업종과 연관하여 뜻밖의 효과를 가져올 수도 있으므로 융통성 있게 기재하는 재치가 필요하다. 어학실력이 요구되는 요즈음에는 외국어 구사 능력을 매우 중시하므로, 외국어와 관련된 증명서나 수상경력이 있으면 강조하여 언급하는 것도 돋보이는 이력서가 되는 방법 중 하나이다.

다섯째, 사회봉사 활동을 상세히 언급한다. 각종 사회봉사 활동 경험뿐만 아니라 동아리 활동들을 상세히 언급하는 것이 좋다.

여섯째, 사진은 자연스러운 모습을 담는다. 본인의 사진 이미지 수정 작업을 될 수 있으면 하지 않는 것이 좋다. 근엄하고 엄숙한 모습보다는 밝고 패기 있는 모습의 사진이 더 적절하다.

일곱째, 마무리 점검을 꼼꼼하게 한다. 오자·탈자가 없는지, 접히거나 더럽혀지지 않았는지 다시 한 번 확인한다. 본인이 연락받을 전화번호가 기재되어 있는지도 점검하여야 한다.

2) 자기소개서 쓰기

오늘날 우리 사회는 인재를 채용할 때 규격화된 업무 능력보다는 유연성 있는 맞춤형 업무 능력을 중시한다. 그렇기 때문에 지원자가 지닌 객관적 능력뿐만 아니라 인성, 적성,

세계관 등도 중요한 참고 자료가 된다. 따라서 이력서만으로는 평가를 위한 근거 자료가 부족할 수밖에 없다. 자기소개서를 통해서 이력서로써는 알 수 없는 지원자만의 고유한 특성과 능력을 파악할 필요가 생긴 것이다.

이와 같은 상황을 역으로 생각해보면, 자기소개서 쓰기가 꼭 귀찮은 작업만은 아니라는 것을 알 수 있다. 기업에 적합한 나 자신만의 능력과 특성을 알릴 수 있는 좋은 기회가 될 수 있기 때문이다. 당연히 자기소개서를 쓸 때에는 지원하고자 하는 기업이 어떤 인물을 요구하는가를 알 필요가 있다. 기업의 특성, 기업 이념, 기업이 요구하는 업무의 성격 등을 조사, 분석하고 그 결과에 따라 이력서로서는 표현할 수 없는, 자신만의 고유한 장점과 능력을 부각시켜야 하다. 그러므로 원칙적으로 지원하고자 하는 기업에 따라 각기 다른 자기소개서를 제출해야 한다.

다음은 자기소개서와 관련된 신문기사이다. 이를 읽어보면 자기소개서를 쓸 때 주의해야 할 사항이 무엇인지 잘 알 수 있다.

"저는 1남 2녀의 장남으로 태어났습니다. 유복하지는 않지만 화목한 가정에서 자랐고, 엄한 아버지와 자상한 어머니의 가르침대로 살기 위해 노력했습니다. 어릴 때부터 귀사의 제품을 애용했으며, ○○학교를 졸업하고 □□대학교에서 △△과를 전공했습니다. 학창 시절에 줄곧 개근상을 탔고, 반장·부반장을 역임했습니다. 성격은 활달한 편으로 대인관계도 원만합니다. 취미는 독서와 음악 감상이고, 신조는 '하면 된다.'입니다. 부족한 점이 많지만 최선을 다하겠습니다."

기업의 인사 담당자들이 가장 진부하다고 느끼는 구절 20개를 이용해 만든 가상의 자기소개서이다. 인사 담당자들이 이런 글을 읽으면 지원자의 창의성이 부족하다고 여기거나 심지어 남의 자기소개서를 베낀 것 아니냐고 의심할 수도 있다. 엇비슷한 구절들이 자기소개서에 너무 자주 등장하기 때문이다. 물론 실제로 취미가 '독서'나 '음악 감상'인 사람도 많다. 이럴 때는 취미를 좀 더 구체적으로 표현하든지 혹은 그런 취미가 자신의 경쟁력과 어떤 관련이 있는지 등을 밝히는 것이 채용 담당자의 하품을 막을 수 있는 방법이다.

채용 포털 사이트 □□의 김○○ 사장은 "학창 시절과 특기, 성격, 지원 동기 등의 전반적인 내용은 기업과 직무에 맞춰 연관이 있도록 쓰되, 누구나 흔히 쓰는 진부한 어구는 자제해야 한다."며 "졸업학교, 가족사항, 출생지 등 이력서에도 나와 있는 내용을 굳이 자기소개서에 반복할 필요는 없다."고 덧붙였다.

– 중앙일보, 2005-02-13, 김○○ 기자

기사에서 볼 수 있듯이, 자기소개서를 쓸 때 가장 주의할 점은 진부하고 상투적인 표현이다. 위 기사문을 읽어보면 자기소개서를 써야 할 사람들뿐만 아니라 읽어야 할 사람들이 어떤 상태에 처해 있는지를 알 수 있다. 써야 할 많은 사람들은 어떻게 써야 할지 몰라 답답해하며, 읽어야 할 인사 담당자들은 진부한 자기소개서에 진력이 나 있다. 결국은 자기소개서를 쓰는 사람이 진부함에서 벗어나야 그것을 읽는 사람도 지원자에 대해 열린 마음을 가질 수 있다.

인사 담당자에게 자기를 내세울 수 있는 자기소개서를 쓰기 위해서는 우선 '자기진단 노트'를 만드는 것이 중요하다 숫자로 표현되는 자신의 자산, 직무 전문성을 대표할 수 있는 다양한 경험, 이들 경험으로부터 얻은 무형의 자산을 나열해 정리함으로써 자기소개서의 초안을 잡는다. 그리고 작성된 초안에 따라 각 항목별로 자신만의 색깔을 개성 있게 표현하면 된다. 자기소개서의 여러 항목 중 '지원동기'에 특히 공을 들이는 것이 효과적이다. 지원동기를 작성할 때에는 해당 기업의 업종이나 특성에 맞게 써야 하며, 지원하려는 기업의 경영이념, 창업정신 등과 연결시키면 좋은 점수를 얻을 수 있다. 또한 성장 과정에서 어려움을 극복한 내용을 언급하면 좋은 점수를 받기 쉽다. 구체적 일화를 들어 극복 내용을 흥미롭게 풀어낼 필요가 있다. 그리고 전반적으로 자신의 완벽함을 자랑하기보다는 적극적인 사고와 성실함, 원만한 품성 등이 드러날 수 있도록 작성하는 것이 효과적이다.

3) 기획서 쓰기

기획서는 제품이나 프로그램, 행사 등 조직에서 개발하고 추진할 일에 대해 기획 의도나 개요, 예산, 추진 일정 등 세부 계획을 기술한 문서를 말한다. 자신의 문제의식을 현실의 정보를 바탕으로 다듬고 정리하여 아이디어로 전개시키고, 이를 체계화하여 기획으로 구체화하고 기획서 초안을 만들며 나아가 기획서를 완성시키는 것은 사회에서 요구하는 글쓰기의 한 형태이다.

좋은 아이디어는 뛰어난 기획의 필수 조건이다. 좋은 아이디어가 특정한 사람들에게만 발생하는 것이 아니라고 말한다. 즉, 평소 다양한 채널로 업무와 관련된 정보를 수집하고 분류하며 정기적으로 그것을 점검하는 등 세심한 주의를 기울이면 누구나 번뜩이는 아이디어를 창출해낼 수 있다. 물론 아이디어 자체가 기획이 될 수는 없다. 그것이 구체화되려면 좀 더 풍부해져야 하고 일정한 체계를 갖추어야 한다.

조직화된 체계를 만드는 능력이 바로 기획력이다. 기획력은 기존의 문제를 개선하고 새로운 가치를 창출하는 역량이다. 그러나 아무리 뛰어난 기획도 기획서로 구체화되지 못하면 그대로 묻혀버리게 된다. 기획서는 기획의 집행을 위한 유일한 설계도로서 기획의 실현 가능성과 유효성, 구체적인 내용이 설득력 있게 드러나기 때문이다.

기획 및 기획서 작성 능력은 타고나는 것이 아니라 부단한 노력에 의해 배양되는 것이다. 자신의 문제의식을 다양한 정보를 바탕으로 정리하여 아이디어로 전개시키고 이를 체계화하여 기획으로 구체화하고 기획서 초안을 만들며 나아가 최종적으로 기획서를 완성하기까지의 프로세스는 누구나 훈련을 통해 체득할 수 있는 스킬의 영역이다.

기획의 실행은 다른 사람들과 함께 해야 하기 때문에 상당한 설득력을 갖추어야 한다. 남들에게 설명하고 설득하기 곤란한 기획은 아무리 훌륭하다고 하더라도 소용이 없다. 그런 점에서 좋은 기획서는 그 기획의 가치와 실현 가능성이 나타나고, 구체적이고 호소력 있게 작성된 것이다. 훌륭한 기획서 작성을 위해서는 핵심 방향을 점검하고, 비슷한 사례를 조사하며, 현장 조사와 수요 분석이 치밀하고 계획적으로 이루어져야 한다.

〈기획안 예시-워크숍 기획안〉

워크숍 기획안

부서명: OOO
이름: OOO
일자: 2011년 O월 OO주차

1. 인원

순번	성명	순번	성명	순번	성명	순번	성명	순번	성명
1		8		15		22		29	
2		9		16		23		30	
3		10		17		24		31	
4		11		18		25		32	
5		12		19		26		33	
6		13		20		27		34	
7		14		21		28		35	

2. 장소

장소: 해오름펜션(경기도 가평 소재)

3. 일정

일자	시간	일정	비고

4. 프로그램

(1) 등반

(2) 체육대회

(3) 팀별 장기자랑

5. 예산

구분		금액	목록 / 수량
숙박비		0,000,000	OOO펜션
식사	조식	000,000	빵, 음료 00개
	중식	000,000	OO식당
	석식	000,000	OO고기
교통비		000,000	버스 1대
강의실		000,000	
기타비용 (도시락, 음료수, 주류 등)		0,000,000	기타
총 예상금액		00,000,000	

6. 준비물

7. 기타

연습 문제

4. 자신의 이력서를 아래 형식에 맞추어 써 보자.

이 력 서

■ 기본 사항

	성 명	(한글) (한자)
	생년월일	
	전 화	자택: 휴대 전화 :
	E-mail	
	주 소	

■ 학력

학교명	기간	졸업 여부	전공	학점

■ 어학 시험

시험명	등급	시행일시	시행기관

■ OA 능력

문서작성 (한글/MS-Word)	스프레드시트 (Excel)	프리젠테이션 (Powerpoint)	인터넷 (정보검색/outlook)

■ 주요 활동 및 사회 경험(학내 활동, 봉사 활동)

활동 기간	상세 활동	
	구분	
	활동 기관	
	활동 내용	
	구분	
	활동 기관	
	활동 내용	

절취선

■ **자격증**

자격증	발급 기관	취득 일시

■ **수상내역/공모전**

상훈명	수여 기관	수상 일시

■ **해외 연수 및 해외 경험**

활동 기간	상세 활동	
	국가명	
	기관/단체	
	목적	
	활동 내용	
	국가명	
	기관/단체	
	목적	
	활동 내용	

■ **신상 정보**

결혼 유무	취미	특기

■ **가족 사항**

성명	관계	연령	근무처	직위	거주지

절
취
선

5. 나를 잘 표현할 수 있는 자기소개서를 써 보자.

▶ 성장과정

▶ 관심사항 및 사회활동(관련 업무경력 내용)

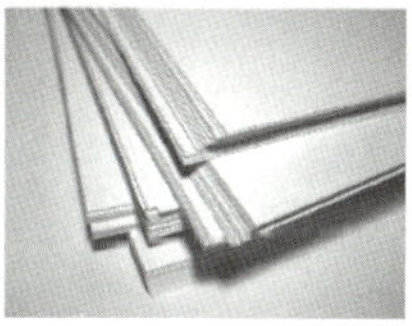

▶ 지원 동기 및 장래 비전

절취선

〈이력서〉

고용노동부 고용정보시스템 취업사이트 '워크넷'

〈자기소개서〉

www.beautynet.co.kr

임재춘(2003). 한국의 이공계는 글쓰기가 두렵다. 마이넌.

'자기소개서, 비슷하고 진부한 내용은 감점', 중앙일보, 2005-02-13 기사

〈기획서〉

Nakano Akio 저자 / 나상억 옮김 / 21세기북스 출판

네이버 나눔 문서

3. 디지털 시대의 글쓰기

프레젠테이션은 공개된 장소에서 특정한 대상에게 특정한 정보를 전달해야 한다는 측면에서 여러 사항들이 고려되어야 한다. 따라서 시간, 장소, 청중, 정보와 같은 변수들을 적절히 종합하고 통제할 수 있는 방법들을 다각적으로 연구해야만 훌륭한 프레젠테이션이 될 수 있을 것이다. 아래 제시된 사항들은 프레젠테이션의 준비에서 발표에 이르는 기본적 사항에 관한 것으로 대학 생활 중 효과적인 의사전달을 위해 참고해 둘 필요가 있을 것이다.

1) 전략 수립 및 자료수집

발표 주제가 정해지면 자료를 수집하고 이를 어떠한 형태로 배열할 것인가에 대해 고민해야 한다. 프레젠테이션은 시각효과와 발표 태도 등이 중요한 요소로 작용하기 때문에 자료 수집 과정에서도 해당 자료가 시각적으로 적절히 구현될 수 있는지의 여부를 판단하는 것이 중요하다. 수치로 표현해야 할 자료들은 텍스트보다는 차트나 도표 또는 다이어그램으로 구현하는 것이 일반적이다. 이러한 점들을 참고하여 활용할 수 있는 자료들은 미리 가공해 두는 것이 좋다.

프레젠테이션 전략 수립은 발표가 이루어지는 장소, 청중의 성향, 주제의 성격 등을 고려하여 가장 효과적인 전달방법에 대해 고민하는 과정이다. 발표 현장의 전체적인 분위기를 파악하지 못한다면 좋은 프레젠테이션이 될 수 없다. 발표의 내용이 청중에게 어느 정도의 수준으로 다가갈 것인지 미리 예측하여 난이도를 조절하거나, 청중의 주된 관심사가 무엇인지 파악하여 조금 더 흥미로운 프레젠테이션이 될 수 있도록 준비할 필요가 있다. 또한 발표 장소의 넓이와 음향 시설 등 환경적인 요인까지 고려해야 효과적인 프레젠테이션이 진행될 수 있다.

2) 발표 자료 제작

전략수립과 자료수집이 완료되면 발표 자료를 작성한다. 이 과정에서 가장 중요한 것은 발표 내용의 체계성이다. 아무리 좋은 자료들을 망라해 놓고 있다고 해도 정보를 일목요연하게 배열해 놓지 못한다면 아무런 소용이 없다.

발표 자료 제작 과정에서는 청중이 프레젠테이션 전체를 하나의 체계로 이해할 수 있도록 하는 것이 중요하다. 글쓰기 일반에서 '서론-본론-결론'이라는 체계를 내세우듯 발표 자료 역시 3단 구성으로 제작할 수 있다. 서론 부분에서는 자기소개 및 인사, 주제 제시, 발표 목차 등을 제시할 수 있다. 물론 청중과 발표자가 잘 아는 사람들이라면 자기소개나 인사 등은 생략될 수도 있을 것이다.

본론 부분에서는 주제의 성격에 따라 내용을 체계적으로 소개한다. 이때 중요한 것은 서론 부분에서 제시한 발표 목차에 따라 내용이 전개되어야 한다는 것이다. 글쓰기 일반에서 요구하는 장과 절의 개념을 시각적으로 표현함으로써 청중이 쉽게 이해할 수 있도록 고려할 필요가 있다.

결론 부분은 전체 내용의 요약 및 후속 과제, 결과물의 의의 등을 제시하는 것이 일반적이다. 발표 내용을 마지막 부분에 제시하기도 하지만 내용이 복잡하고 어려운 경우 결론을 서론부분에 배치하는 것도 좋은 방법이다.

프레젠테이션 자료를 작성할 때는 시각효과가 우선시 되는 것이 사실이지만 전반적인 내용은 텍스트로 구성된다. 간혹 텍스트를 화면 안에 가득 채워 제시하는 경우가 있다. 한 화면에 지나치게 많은 양의 정보가 들어가게 되면 전달효과가 현저하게 떨어진다는 점을 고려해야 한다. 나열식 설명보다는 내용을 압축하여 간략히 서술하는 것이 좋고, 가능하다면 종결어미나 조사를 생략하여 간결하게 서술하는 방법을 택하는 것이 좋다.

한 화면에 많은 정보를 담기보다는 화면을 여러 페이지로 잘라 명료하게 드러내고, 화면의 구도는 모두 통일시키는 것 보다 조금씩 변화를 주는 것이 지루하지 않다. 사진과 도표만 계속 나온다든가, 텍스트로만 일관하는 것보다는 발표의 전개 과정을 고려하여 변화를 주는 것이 좋다.

프레젠테이션은 한 번으로 끝나는 경우가 많다. 또한 청중에게 별도의 인쇄물을 제공하지 않고 영상기기에 의존하는 경우도 있다. 프레젠테이션 자료 제작 과정에서는 정보의 정확성에 신경을 써야 한다. 인쇄물로 남지 않는다고 해서 부정확한 자료를 제시하거나 저작권이나 인권을 침해할 소지가 있는 자료를 제시하는 것은 곤란하다.

3) 시각 효과의 적절성과 리허설

자료 작성이 완료되면 전체적인 점검이 뒤따라야 한다. 이 단계에서는 자료의 체계적 배열을 위해 글꼴이나 색상 등 전반적인 디자인과 시각 효과가 적절하게 사용되었는지를 점검한다. 장과 절이 구분되는 내용이라면 각각 다른 시각 효과를 사용하여 청중의 이해를 도울 수 있을 것이다. 이때는 우리가 흔히 활용하고 있는 마이크로소프트사의 〈파워포인트〉 프로그램에 탑재되어 있는 다양한 시각효과를 숙지해 둔다면 유용할 것이다. 단 지나치게 현란하거나 화려한 시각효과를 사용하여 내용 이해에 방해가 되지 않도록 조심해야 한다.

전체적인 디자인이 청중의 성향에 맞는 것인지에 대해서도 충분히 고민할 필요가 있다. 이러한 점들을 체크하기 위해서는 충분한 리허설을 해두어야 한다. 간혹 자료 작성만으로 프레젠테이션 준비가 끝났다고 생각하는 경우가 있다. 프레젠테이션이 현장에서 완성된다는 점을 고려한다면 리허설의 중요성은 여러 번 강조해도 부족함이 없다. 차분히 리허설을 해나가며 시각효과와 발표가 잘 어우러지는지 점검해야 한다.

연습 문제

6. 우리대학을 소개하는 프레젠테이션 자료(10컷 내외)를 제작하여 발표해보자.

절
취
선

※ 참고문헌

김동우, 『공학도를 위한 글쓰기 노하우』, 생능출판사, 2008.

장원길 외, 『매혹적인 말하기와 프레젠테이션』, 글누림, 2010.